大地と星々のあいだで

生き延びるための人類学的思考

Daisaku Hashizume
橋爪太作

イースト・プレス

大地と星々のあいだで

生き延びるための人類学的思考

人間の上を流れる時間のことも、地質学の時間のように
いつかは眺められる日が、くるのだろうか。

――石牟礼道子「海はまだ光り」より。

目次

カバービジュアル　水月湖の年縞（福井県年縞博物館提供。著者撮影）

年縞とは、長い年月の間に湖沼などに堆積した層が描く特徴的な縞模様の湖底堆積物のことで、1年に1層形成される。

1991年、福井県若狭町にある水月湖で発見された年縞は、実に7万年分、長さにして45m。1年の欠けもない完全な状態で見つかり、世界最長の長さを誇る。20万年以上前にアフリカで誕生した現生人類（ホモ・サピエンス）が、世界各地へと生存の場を広げていったのも約7万年前であり、水月湖の年縞は人類史と等しく、人類が活動の場所を広げ始めてから今に至るまでの歴史が、この年縞の中に全て網羅されていることになる。

ブックデザイン　鈴木成一デザイン室

第1章 壊れた世界の向こう側

2つのパンデミック

2020年は新型コロナウイルスのパンデミックが始まった年として、人類の記憶に未来永劫残ることとなった。私は当時、埼玉県南部にある大学に任期付きの職を得たばかりだったが、実家からの慌ただしい引っ越しを済ませた直後に、緊急事態宣言が始まった。

ネットで適当に決めたマンションは交通量の多い国道沿いで、宣言中も深夜まで大型トラックの行き来が絶えなかった。毎晩、身体が眠りへと滑り落ちる瞬間に家が揺れ、そのたびに不安な意識はこちら側に引き戻された。普段なら不快でしかない揺れも、すべての動きが止まったような静寂の中では、それだけが世界がまだ生きている証拠のように思われた。

やがて、私の眠りを覚ますものに救急車のサイレンが加わった。最初は1日数件だったサイレンが次第に増えてきた頃、ニュースで「医療崩壊」という不吉な言葉が聞かれ始めた。それまで私は、たとえコロナが未知の病気だとしても、医療が発達した現代日本では入院すれば最悪死ぬことはないだろうと漠然と思っていた。ところがその現代日本において、病院のベッドが足りず自宅療養中にそのまま亡くなる可能性があると聞いたとき、何かそれまで漠然と持っていた文明に対する信頼の底が抜けたような気分にさせられ、唖然とした。

この瞬間、私の脳裏に一つの記憶がまざまざと蘇ってきた。

＊

2016年9月、南太平洋ソロモン諸島ガダルカナル島、首都ホニアラ。灼熱の太陽がトタン板に降りそそぎ、空気はピクリとも動かない。5日前に始まった原因不明の高熱は一向に収まる兆しがなく、全身の脱力感で立つこともままならない私は、今日も汗染みたマットレスに横たわっていた。国で唯一の国際空港に着陸するジェット機が1日に4回、轟音とともに頭上を通り過ぎる。次にあれに乗るときは死体かもしれないな……そんな考えがふっと浮かんだ。

人類学を学ぶ博士課程の学生であった私が、博士論文執筆に向けたフィールドワークのためソロモン諸島に降り立ったのは同年4月のことだ。ところが首都滞在中に窃盗に遭い、さらに調査地となるはずのガダルカナル島東部では、紆余曲折があって調査を断念することになった。不運続きの私はすっかり気落ちしてしまい、9月初旬に首都の友人宅に這々の体で戻ってきたときは、すっかり塞ぎ込んでいた。

実は首都に戻ったとき、「ニウエ（南太平洋の島国）からの使節団がデング熱を持ち込んだらしい」という噂話を耳にしていた。しかしその時までデング熱という言葉を耳にしたことがなかった私にはいまいち危機感が感じられず、いよいよホームステイ先の長女が倒れたときもまだ他人事の気分だった。

ところがウイルスが次の標的に選んだのはその私であった。

幻覚が見えるほどの高熱が続いた最初の頃は日時の感覚も定かではない。砂糖と塩を溶かした経口補水液をどうにか飲み込めるようになったのは、発症から3日目くらいだったと記憶している。この時点で私は国内最大の国立病院に連れて行ってくれるように友人に頼んだ。だが彼はにべもなく言った。「病院はいまデング熱の患者が押し寄せて、廊下まで人が寝ているんだ。あんなところに行ったらもっと具合が悪くなるぞ!」。私も、トタン葺きのみすぼらしい掘っ立て小屋のような建物が建ち並ぶ、ソロモン諸島随一の国立病院の様子を思い出して、その言葉に素直に納得した。

とはいえ、デング熱よりもっと危険な病気に罹っている可能性を心配した私は、なけなしの金をはたいてタクシーを呼び、私立のクリニックを受診した。最初行った医者は採血検査キットを使っていたが、結果は「ネガティブ」であった。納得できず別の医者に行くと、いきなり私の左腕をゴムバンドでギリギリ縛り上げた。しばらくすると肌の上に赤い斑点が浮かび上がり、それを見た彼は「これがデングの徴《しるし》だ」と言った。「これはWHOも推奨するやり方なんだ」と自信たっぷりの様子の彼を前に、私はまるで心霊手術に遭ったような気分で、ただ事態を呆然と見ているだけだった（この医師の名誉のために付け加えておくと、彼が行ったのはターニケット〔駆血帯〕テストという医学的にも認められたデング熱の簡易検査法であることが、この原稿を書くにあたって判明した。この検査では上腕を駆血帯で5分間圧迫し、現れた点状出血の数により感染を判定する。PCRなどの高度な検査法と較べると検出精度は低いが、その簡易さゆえに古くから使われている）。

やっと出歩けるまでに回復したのは、さらに3日ほど経ってからだった。タラップから飛行機に乗り込み、冷房が効いた機内の空気を胸いっぱいに吸い込んだとき、私は心の底から近代文明のありがたさを実感した。

暴れる地球と向き合う

2020年から始まったコロナウイルスの世界的流行を経験した今の日本において、私の体験は遅れた「南」の国の出来事ではない。当初は比較的低い水準が続いていた日本国内の感染者数は、年末のアルファ株流入から徐々に上昇し始め、2021年夏には世界で最も優れた健康水準を誇るはずの国で医療体制の崩壊と自宅死が頻発する。そしてやってきた1年遅れのオリンピック。誰もいないオリンピック会場とチューブに繋がれ死にゆく人々という不条理な光景は、未だに私たちの記憶に新しい。1人当たりGDPが50万ドルの日本で、その17分の1の経済規模しかないソロモン諸島と同じような悲惨な状況が広がっていたのだ。

それにしても、一体なぜこんなことが起きてしまったのだろうか。今回のパンデミックの特徴として第一に指摘できるのは、ウイルスの発生源とされる中国が、冷戦後のグローバル化の中で急速な経済発展を遂げた国だということだ。一般的にある国の経済が発展すると、それまで人間の領域ではなかったところまで開発が進み、人間と自然のバランスが崩れる。COVID-19も元々はコウモリの体内にあるウイルスであったと推測されているが、それが人間に感染するに至った背景としては、グローバル化を推進力とした現代中国における自然と人間の関係の異変を抜きには考えられない。

第二に、COVID-19ウィルスが人間への感染能力を獲得すると、一瞬で世界中に広がり変異を繰り返した。第一次世界大戦中に流行したスペイン風邪のような、人類がこれまで経験してきたパンデミックと比べても、その速度は際立っている。その背景にあるのもまた、かつてない規模で人とモノの移動を自由化し、経済成長を実現してきたグローバル化の流れである。

第三に、ウイルスの流行に対し、各国の保健当局や医療制度は適切な対応ができなかった。いわゆる新自由主義と呼ばれる1970年代以降の政治経済的潮流の中で、社会のあらゆる領域に経済合理性が浸透していくが、短期的にお金にならないこと、無駄なことを切り捨てる動きは、保健所や病院の病床数といった、いざとなったときに命を守る仕組みすらも弱体化させていたのである。

パンデミックの最中に私たちが見ていた不条理な光景は、ある意味でこの30年間の政治と社会のあり方の答え合わせであると言える。だがより根本的に問題なのは、そうした人間活動の背後にある自然と人間の関わりだ。

コロナ・パンデミックのような破局的な自然災害は、過去数世紀に限っても14世紀のペスト禍や20世紀初頭のスペイン風邪など幾度となく起きていた。にもかかわらず、なぜ、あたかもそうした破局が「当分は」ないものとして、極限までリスクを取った経済成長を追い求めることができたのか。なぜ、恐ろしい災いを招く可能性があるにもかかわらず、人間はその活動範囲を無際限に拡大し、自然の奥深くへと不用意に分け入ってしまったのか。

人間の欲望は無限だと言われるが、途方もない災いを引き起こす危険性があることを知りながら、それでも己の欲望を追求しようとする者はまずいない。それが可能なのは、危険性自体が視野の外にあるときだ。野放図なグローバル化や新自由主義的価値観の拡大をリスクの切り捨てとして批判することはたやすいが、その背後には「ありそうもないこと」を考慮外に置くような判断を許してきた社会全体の空気がある。だとしたら、それは一人一人が暗黙のうちに持つ自然観の中で、自然が人間を貫く力であることが忘却され、人間活動の単なる背景と化していることの何よりの証拠だろう。

他方、自然が人間活動の単なる背景以上の何かであるということも、私たちは現在進行形で実感しつつある。毎年のように起こる豪雨被害、山火事や熱波など世界各地で頻発する異常気象は、この地球が急速にかつての穏やかな姿を失い、暴れ始めたことを強く印象づけている。その原因と目される地球温暖化現象は、18世紀末の産業革命以降に拡大した化石燃料の消費によって引き起こされ、さらに第二次世界大戦からグローバル化に至る大加速（グレート・アクセラレーション）と呼ばれる経済活動の急速な拡大に後押しされて、地球環境の変化を引き起こしつつある。

この1世紀間で地球の平均気温は1度ほど上昇した。その影響はすでにアフリカでの旱魃の増加とそれに起因する難民の発生、北米・ヨーロッパでの異常な熱波や山火事の増加、アジアでの猛暑や異常豪雨として現れている。さらに国連の下部機関である気候変動に関する政府間パネル（IPCC）は、今後気温の上昇が産業革命後＋1・5度を超えると、極地の氷床や永久凍土の融解が不可逆的に加速し、ティッピング・ポイントと呼ばれる地球環境の決定的な変化に至ることを警告している。海水面が数メートル上昇し、いま以上の暴風や山火事が発生するようになれば、多くの大都市は海面下に沈み、安定した農業生産は不可能になる。これまでのような文明社会は持続できなくなるだろう。こうした事態を前にして、その原因となったこれまでの資本主義経済のあり方を批判し、持続可能なシステムへの転換を訴える声は、近年急速に切実なものとなりつつある。

こうした動きの中には、現行の資本主義の枠内で環境対策を進めるグリーン・キャピタリズム（緑の資本主義）、グリーン・トランスフォーメーション（GX）などの改良主義的な立場から、資本主義経済の根幹にある「無限の成長」という前提を批判し、成長を前提としない新たな経済システムへの大胆な転換を主張するよりラディカルな立場まで、さまざまな政治的位置取りを持つ論者が含まれる。それらに共通するのは、自然は人間活動の物言わぬ背景ではなく、地球の生態学的制約を無視した人類の生存はあり得ないという認識である。

気候変動というパンドラの箱を開いてしまった人類にとって、自らの努力によりかつての安定した気候を取り戻すことは、絶望的な状況の中でわずかに残された希望だ。すでに脱炭素やGXはビジネスの新たなルールとなり、資本主義の廃絶すらこれまでになく真剣に受け取られるようになっている。世界の覇権をめぐって激しく対立するアメリカと中国ですらも、気候変動への取り組みでは協力関係にある。人間同士の敵対関係も、その基盤となる地球環境への気遣いなしには成り立たない時代になっているのだ。

けれども、気温は上がり続ける。1997年の京都議定書で温室効果ガスの削減目標が初めて設定されて以来、各国は取り組みを進めてきたが、その間に起きた中国やインドなどの新興国での急速な経済発展は、それを上回る排出量の増加をもたらした。このまま行けば、地球環境に不可逆的な変化をもたらすティッピング・ポイントを超えることは確実である。

止めどなく進む気候変動と、それを止められない人類。この現実を前にした人々は絶望の縁に立たされている。人間が生み出し人間の手によって対処可能であるはずの災害に、当の人間がなぜか手も足も出ないという事態がもたらす苦悩は、地震や津波のように一方的に襲ってくる自然災害とは違う。すでに欧米では気候変動を苦にした自殺も起きているが、人間社会の内部での理想と現実のギャップは、どこにもはけ口のない感情を鬱積させる。あるいは近年の過激化する環境運動のように、同じ感情が自己の外側に向けば、人間同士の対立を煽る。

地球を勝手気ままに利用してきた人間は、やがてその過ちに気づいた。いま進行している地球環境の危機も、一人一人の努力によってやがて克服され、地球と人間の共生が達成されるだろう……。私たちが生きている物語はこういうものだ。しかし、現実は物語のようには進まず、両者の乖離はかえって無力感やニヒリズムを蔓延させている。

一体なぜなのか。まだまだ努力が足りないのだろうか。人間とは自らを滅ぼしても欲望を追求したがる罪深い存在なのだろうか。それとも、この物語自体に、何か根本的に不十分なところがあるのだろうか。

そもそも現在の気候変動をめぐる取り組みの根本にあるのは、「元々自然にあった気候に対する人間による攪乱の結果」という捉え方である。資本主義経済の拡大は、不動の背景としての自然を人間活動のための無尽蔵な資源と見なすことで可能になっていた。気候変動対策は、その人間活動が当の自然を変質させているという気付きから、これ以上の人間活動を差し控えることで元の自然を取り戻し、両者を共存させようという取り組みである。そして、温室効果ガスを削減し、産業革命前のレベルにまで気温を戻す施策の背後には、それによってかつての安定した規則正しい自然――日本であれば、春夏秋冬の四季の巡り――が戻ってくるという期待が隠れている。

しかし、たとえ気候変動対策がすべてうまくいったところで、かつての安定した自然が帰ってくるのだろうか。実際には、近代以前の人類史でも、自然災害や異常気象により幾度となく多くの人命が奪われてきた。「自然と人間の共存」という言い方は、自然の立場を尊重し、過去への回帰を提唱しているかのように見えて、その自然を「四季の巡り」に象徴されるような、人間にとって都合の良い特定のイメージへと囲い込んでいる。そして、そのような文脈の前提となっているのは、人間は自然から分離した意識を持つ特別な存在であり、自然はあくまで人間に従属する環境であり続けるべきだというきわめて近代的な信念である。

現代の人々も、この信念を身体に染みついた「型」として未だに共有し続けている。

どんなに知識として気候変動問題を知ったところで、知らず知らずのうちに染みついた古い「型」を通じて理解していたならば、そのズレから現実に対する無力感やニヒリズムが生まれてくるのを防ぐことはできない。また、あなたがもし真に世界を変える行為を望むのであれば、まずは今起きていることの真の姿を認識し、そこから私たち自身の自画像を別様に描き直すことから始めなければならない。

本書は、変わりゆく世界を認識し、新たな行為の可能性を開くための、新たな「型」を探す試みである。

近代の自然観

ソロモン諸島のデング熱パンデミックはほとんどニュースにならなかったが、同様の事態は今この瞬間にも、第三世界と呼ばれる「南」の経済的に貧しい地域で起きている。「北」の先進国に生まれ、さまざまなインフラや社会制度に守られて育った私たちは、気候変動やコロナ・パンデミックのような世界規模の破局に直面して、はじめてこの世界の荒々しい肌理に触れた。しかし、ソロモン諸島のような場所では、規模は違えどこうした破局はむしろ日常的なものとなっている。コロナ禍の最中に私がソロモン諸島のデング熱パンデミックを想起したように、ずっと前から不確実性と共存してきた途上国の暮らしは、新たな不確実性に直面する私たちのいまと重なり合いつつある。現代を代表する人類学者たち（その仕事の一部は本書でも紹介する）は、荒々しく非人間的な自然の中でそれでもなおたくましく続いてきた人々の暮らしに着目し、そこから不確実性な世界を生き抜く教訓を引き出してきた。

こうした他者を通じた自己反省は、20世紀初頭の近代人類学の成立以来続いてきた人類学の得意技である。けれども、本書の人類学的思考は、こうした先人の思考を踏まえつつも、そのさらに先を考えたい。「遅れた人々から進んだ人々が学ぶ」という構図は、途上国の人々はずっと前から自然などの不確実性に直面していたのに対し、近代社会に生きる人々は、巨大な破局があってはじめて不確実な現実に投げ入れられたのだ、という暗黙の前提の上に成り立っている。本当にこの現実は、元々は安心・安全だったのが、外的な変化によって壊されたのだろうか。

ここで一つ思い起こされることがある。コロナ禍の最中、マスクなどの感染予防対策がかつてないレベルで徹底されたことで、それまでは誰もが罹る「普通」の病気であった風邪やインフルエンザが激減し、そうしたウイルスへの暴露経験が少ない幼児の免疫低下が懸念された。ここで明らかになったのは、風邪もインフルエンザも重症化すれば死に至る可能性がある点ではCOVID-19と同じであるにもかかわらず、人々は「ただの風邪」であるというそれだけの理由で、これまでマスクもなしにくしゃみをしてウイルスをまき散らしたり、換気の悪い満員電車を平気で利用してきたということである。一見してこの安心・安全な世界もまた、実はずっと前から荒々しく非人間的であったのであり、「普通」というラベルを貼ることで、皆それを見ないふりをしていただけなのである。

国語辞典で「自然」を引くと、いわゆる「自然環境」のような人間にとっての外界という意味だけでなく、「自然な」という副詞的用法に見られるような「おのずから」「ひとりでに」という意味も記載されている。英語の"nature"もまた、「人間本性」(human nature) という言い方があるように、物事の本来のあり方、性質という意味合いを持っている。実際、日常の場面で何かを「不自然だ」と言うとき、それが平均から逸脱した「ありそうにない」姿をとっていることを意味している。私たちの自然観は「変わりがない」「普通である」という感覚と密接に結びついているのだ。

この「普通」という観点から捉えると、いわゆる地球環境のような人間の外側にある自然だけでなく、心や社会といった人間の内側にある自然にも通底するような、近代の自然観が浮かび上がる。その両者が交わるポイントが統計学、とくに正規分布の概念だ。

科学史家のイアン・ハッキングによれば、18～19世紀の西洋世界において、出生、死亡、職業選択、結婚……といった人間の社会生活のあらゆる局面が、初めて統計データとして組織的に集計されるようになった。彼はこの事態を「印刷された数字の洪水」(イアン・ハッキング　2013『確率の出現』、広田すみれ＋森元良太訳、慶應義塾大学出版会)と呼ぶ。こうしたデータ収集活動の直接の目的は、絶えず戦争を繰り返していた当時のヨーロッパ諸国が、自国内の人口や商工業生産高を把握し、国力を高めることであった。しかしその重要な副産物として、それまで漠然と人間の集合として捉えられていた社会が、実は多様な属性や欲望を含んだ複雑な現実であることが誰の目にも明らかになった。

教会や封建制のイデオロギーでは説明できない複雑な現実に直面した当時の人々は、それをシンプルに把握するための強力な武器を編み出した。正規分布の概念である。1から6までの目があるサイコロを複数回振りその平均値を取ったとき、最も出る確率の高いのは3だ。むろん数回の試行では1や6といった外れ値が目立つが、同じことを何十回、何百回と繰り返していけば、グラフはだんだんと3を中心とした綺麗な左右対称の山になっていく。これを正規分布という。

これは元々天文観測の誤差を検証するために導入された概念だったが、19世紀になって大量の統計データが蓄積されるにつれて、人間の身長や製品品質のばらつき、雨粒の大きさなど、この世界のあらゆる領域で正規分布に従う事象があることが発見された。社会の場合、1回1回のサイコロの出目に当たるのが個人の行為の結果——学力偏差値であれば、1人1人の受験生の点数——になる。クラス内の小テストなら、できるやつもいればできないやつもいるから、グラフは凸凹するだろう。ところが県や全国といったレベルになるとサンプル数も増え、グラフはしだいに正規分布に近づいていく。

統計も正規分布も聞いたことがないという人でも、両者の応用によって生まれた偏差値とは無縁ではないはずだ。1957年に東京のある中学校の先生によって考案された偏差値は、全体に対する一人一人の相対的な位置を正規分布からのズレ（偏差）という形で示してくれるツールだ。これは元々、実力以上の学校を受験した学生が不合格になることを防ぐ目的のために作られた、あくまで善意の産物であった。ところがこのやり方が全国に広まると、全体の中の自分の位置を知った一人一人の受験生が、そこから少しでも上に這い上がろうとして競争し始め、全体の平均点や難易度が上方へと推移した。こうして、偏差値は受験競争を過熱させた悪者として糾弾されるようになる。

このエピソードは、近代社会という新たに登場した人間の群れの「自然＝本性」がいかなるものかを鮮やかに示している。

日本の江戸時代やフランスのアンシャン・レジームのような前近代的な社会では、個人の身分は生まれた時点で決まっていた。やっていい仕事、着るべき服、話し方など、暮らしの全般にわたる身分別の規定があり、破った者は厳しく罰せられた。加えて重要なのは、こうした規範が支配者による暴力的な押しつけの結果というより、むしろ農民なら農民、商人なら商人固有の生き方が、当事者にとっても祖先伝来のあるべき暮らしとして内面化されていたということである。さもなくば王権神授説を主張した近世ヨーロッパの君主のように、神という世界の外にある絶対的な存在が、現在の不平等の根拠として持ち出された。現にある社会は、神聖な神や祖先伝来の土地のような、揺るぎない存在に根拠づけられていたのだ。

他方、身分制を否定した近代社会では、個人の運命は祖先伝来の家柄ではなくあくまで努力と運次第となった。この世界の究極な根拠であるはずの神もまた、次々と進歩する自然科学の成果を前に聖書の記述の矛盾や間違いが次々と発覚し、次第に影を薄くしていった。従来の規範が消滅した中で、人々の行動を律する新たな規範となったのが、その時々の「みんな」の正規分布と、その中での自分の偏差値である。一人一人はそれぞれの価値を持ち、自由に行為を選択する。しかし、その自由な個人は、「社会」という全体の中で自分がどこにいるかも常に気にしている。もし全体の趨勢が変われば、一人一人は「自由」な選択の元に、新たな選択肢へと雪崩を打って殺到する。近代社会とは、こうした構成員の運動によって絶えず変貌し続ける、まるで巨大な蚊柱のような存在だ。

何が「普通」なのかが最初から決まっていた前近代社会に対し、近代社会の「普通」はその時々の「みんな」の振る舞いによって動的に変化する。もし失敗しても「お前ぼけっとしてただろ」と言われて終わり。誰を恨むこともできない。だからこそ、私たちはその時々の社会の動向を常に気遣い、「普通の人生」に囚われ続ける。過酷な受験競争は過去のものとなったが、たとえば「顔面偏差値」のような言い方で個人の身体的属性まで偏差値のようなものとして捉えられているように、正規分布の呪いはその後も私たちを束縛している。

そう、私やあなたの具体的な人生のディティールは、とてもザラザラ、デコボコしている。そして、あらゆる個人の総和たる抽象的な「人間」像、現実にはどこにもないノーマルな人生モデルと比較したとき、それはあってはならない「アブノーマル」になる。

アンとピッピの20世紀

普通なはずの私が本当は普通じゃないかもしれない。この不穏な可能性に対処し、安定したアイデンティティを創り上げるために近代社会が編み出した装置が、19世紀から20世紀にかけて完成した近代小説、特にビルドゥングスロマン（教養小説）と呼ばれるジャンルである。

古典的なビルドゥングスロマンは19世紀ドイツのロマン主義の中で生まれた（ゲーテ『ヴィルヘルム・マイスターの修業時代』他）。だが、主人公の人格的成長の描写を通じて、読者の人格も成長させることを旨としたこのジャンルの物語が、今でも最も親しまれているのは児童文学だろう。移り変わりの激しい出版業界の中で、各社の児童文学全集やアニメの「世界名作劇場」では、今から1世紀以上前に書かれた小説が繰り返しリバイバルされ、新たな読者を惹きつけている。

ルーシー・M・モンゴメリが１９０８年に出版した『赤毛のアン』シリーズは、突拍子もない空想癖を持ったかんしゃく持ちの孤児アンが、年老いた兄姉マシュウとマリラの疑似家族に育てられ、やがて故郷の村の教師になる過程を描いた、現在でも世界中の人々に愛されている小説だ。『アン』に限らず、この時代に書かれた児童文学の古典的傑作は、両親がいないトム・ソーヤー（『トム・ソーヤーの冒険』）、孤児のジュディ（『あしながおじさん』）、父親が戦争で不在のマーチ家の4人姉妹（『若草物語』）など、多くの場合主人公が標準的な家族モデルから多かれ少なかれ逸脱している。『アン』の物語もまた、孤児である主人公が、古くさい道徳に囚われた大人たちとぶつかりつつ、世界の美しさへの感受性と自由な想像力を通じて自己実現を果たしていく。これは、主人公と同じく欠点を持った（しかしたいていの場合は両親揃った）一人一人の子供たちにとっては、「こんな私」でも等身大の幸せをつかめることを教えてくれる最強のロールモデルである。こうして20世紀の少年少女はビルドゥングスロマンを通じて、進学・就職・結婚・子育てという20世紀の標準的人生モデルを、単に外的な強制というだけではない、魅力的な生き方として欲望するようになったのだ。

ここで問題にしたいのはその想像力である。ある時、アンと親友のダイアナは、両家の間にある木立に「お化け」が出ると想像して、そのことでそれぞれの親にひどく叱られた。彼女が新たに赴任したステイシー先生に教えられたのは、こうした奔放な想像力を「正しい方向に進ませること」であった。こうしてアンとダイアナは「物語クラブ」

を結成し、平和なアヴォンリー村の少女たちは、愛し合う恋人たちが運命的な死へと導かれるゴシック風味の悲恋物語（と本人たちが思っているもの）の創作に没頭する。

さて、アンの想像力が捉えた幽霊や運命といった超自然的な存在は、近代という時代が本格的に始まる19世紀初頭以前の文学では、まったくもってシリアスな主題であった。予言によって捨てられたオイディプスが、知らず知らずのうちに予言の通り父王を殺し母親と近親相姦してしまうギリシャ神話は、人間を超えた運命の力を悲劇的に歌い上げ、シェイクスピアの『ハムレット』に登場するハムレットの父の亡霊は、生者には知り得ぬ叔父クローディアスの陰謀を伝え、彼を復讐へと駆り立てる。こうして見ると、「物語クラブ」の活動は近代社会の中にぽっかり開いた前近代の窓とも言える。

しかし物語クラブの活動は、やがてクイーン学院の受験勉強へと取って代わる。

物語クラブはもう存在してないのよ。あたしたち、そのひまがないの――それにあきてしまったせいもあると思うの。愛だとか、殺人だとか、駆落だとか、秘密だとかいうことを書くなんて、ばかげたことだったわ。ときどき、ミス・ステイシーは作文の練習に物語を書かせなさるけれど、アヴォンリーのあたしたちの生活の中に起こりそうなことだけを書けとおっしゃったのよ。

（ルーシー・モンゴメリ　2013『赤毛のアン』、村岡花子訳、新潮社、Kindle 83％）

その後アンは、猛勉強の甲斐あってクイーン学院に首席合格を果たす。そして、長年嫌っていたギルバート・ブライスと和解し、2人はやがて結ばれる。

彼女をこうした普通の人生に向かわせた転機として、ステイシー先生による物語教育——物語クラブにおけるありそうにない超自然的な世界への没頭はやがて「ばかげたこと」として回顧されるようになり、学校の授業での「あたしたちの生活の中に起こりそうなこと」の作文だけがよい想像力として認められる——は重要である。つまり、前近代の文学が現実の一部として描いていた超自然的な存在を否定し、日常生活のみを「現実」として認めることを通じて、彼女は近代社会のまっとうな主体となったのである。

それから30年後の1945年、「赤毛でそばかすだらけの女の子」のキャラクターはアストリッド・リンドグレーンによって『長くつ下のピッピ』として再創造される。どんな男も敵わないほどの怪力と金貨がぎっしり詰まったかばんを持ち、世間の人たちが押しつける規範をひっくり返すピッピは、いわば大人にならなくていい永遠の子供、1970年代パンク・ムーブメントの合い言葉「30歳以上の言うことを信じるな」(Don't trust over 30) に象徴される戦後カウンターカルチャーの化身だ。第二次世界大戦後に発生したベビーブームの結果生まれた大量の若年層人口が成人年齢を迎えた1960年代、先進諸国の社会のあり方は大きく変貌した。親や社会の権威は疑いの対象となり、進学や結婚のようなライフコースや、個人のジェンダー・セクシュアリティといったそれまで当たり前とされてきた事柄もまた、さまざまな形で批判された。

私たちはアンの美しい想像力にも、あらゆる理不尽な抑圧を跳ね飛ばすピッピのエネルギーにも、どちらにも惹かれ「こうありたい」と思う。近代という時代は1世紀以上をかけて、その中にいる人々に対し多様な生の可能性を提示することができるようになった。しかし、アンが子供部屋に封じ込めた精霊たちは、もう蘇ってこない。

「穏やかで規則的な自然と社会」という幻想

アヴォンリー街道をだらだらと下って行くと小さな窪地に出る。レイチェル・リンド夫人はここに住んでいた。まわりには、榛の木が茂り、釣浮草の花が咲き競い、ずっと奥のほうのクスバート家の森から流れてくる小川がよこぎっていた。森の奥の上流のほうには思いがけない淵や、滝などがあって、かなりの急流だそうだが、リンド家の窪地に出るころには、流れの静かな小川となっていた。

（モンゴメリ　前掲書、Kindle 1%）

ここで引用した冒頭の風景描写を覚えている者はほとんどいないだろう（実際、高畑勲が監督を、宮崎駿と富野由悠季がメインスタッフを務めたアニメ版ではこのシーンはあっさりカットされ、代わりにプリンスエドワード島に近づく連絡船の遠景から始まっている）。小説や映像作品におけるこうした風景描写は、物語本体の人間ドラマとは何も関係が無い、ただ間を持たせるだけの部分だと思われている。だが作家アミタヴ・ゴーシュによれば、物語の地と図は無関係どころか、一つの隠れた意思が通底している。その意思とは、物語から「蓋然性の乏しい」（improbable）状況を徹底して追放することである（アミタヴ・ゴーシュ 2022『大いなる錯乱――気候変動と〈思考しえぬもの〉』、三原芳秋＋井沼香保里訳、以文社、27頁）。

彼の議論をパラフレーズすると次のようになる。あらゆる物語は、何か例外的な出来事があって初めて動き出す。たとえば『桃太郎』であれば、変化のない毎日を送っていたおじいさんとおばあさんの元に巨大な桃が流れてくることで、鬼退治をクライマックスとするストーリーが始まる。前近代（中世日本）の物語である『桃太郎』では、巨大な桃から男の子が生まれるという「蓋然性の乏しい」出来事は、その真偽を問われることがないまま、平然と語りの中に組み込まれている。

しかしこれが「現代日本の木造アパートで暮らす独居老人がスーパーで桃を買ったら、中から子供が出てきた」という描写であればどうだろうか。まず直感的に「そんなことありえない」と思うだろう。次に、この一文がファンタジーやSFといった、突拍子もない出来事の描写が認められている(だがそれだけ「リアル」ではない)文学のサブジャンルではないかと疑うに違いない。いずれにしても、この物語が格差や孤立、貧困といった、現代社会の真剣な問題を取り扱ったものではないと見なされることは確実だ。つまり私たちは、自分や同じ人間たちの人生について真剣に考える際に、なぜか「桃から生まれた桃太郎」のような蓋然性の乏しい出来事が登場することが許せないのだ。

ゴーシュが引用する文芸理論家フランコ・モレッティによれば、蓋然性の乏しさを追放する近代小説が19世紀後半に誕生したのは偶然ではなく、統計学のような社会を予測可能にするテクノロジーの浸透——社会全体の合理化——が、さらに余暇、私生活、感情、美意識の領域へと拡大していったこととの必然的な結果であるという。

空想癖を持った孤児という主流社会にとって周縁的存在であったアンがコミュニティの一員として認められていく社会統合の過程は、彼女が「フィクション」である精霊の世界とアヴォンリーの平凡な日常を不用意に混同しないことによって成し遂げられる。近代小説で描かれる「穏やかで規則的な」自然とブルジョワジーたちの「穏やかで規則的な」人生は、どちらも自然と社会をそれぞれ正規分布のイメージで捉え、極端で蓋然性の乏しいことを切り捨てる、私たちの「まともな」想像力の産物である。

確かに、見渡す限り開拓され尽くしたプリンスエドワード島の土地にお化けが出るなんて馬鹿馬鹿しい。そう思える。だがその土地は元々誰のものか？　イギリスからの移民がやって来る前、そこには先に入植したフランス人や先住民であるインディアンが住んでいた。これらの人々が1755年に英仏間で勃発したフレンチ・インディアン戦争によって追放された後、マシュウやマリラの祖父母たちがスコットランドから移住してきたのである。

規則正しく穏やかな景観が、それまで土地に刻まれた記憶を暴力によって強制的にフォーマットした結果であるとしたら、その目に見える世界の背後に不在の何かを幻視してしまうことは本当にあり得ないことなのだろうか……。近代という時代は、精霊や魔法使いといった超自然的な存在を否定し、それらを人間の理性に基づいた合理的な説明（科学）へと置き換えていく「脱魔術化」の時代だと言われる。だが魔は本当にいなくなったのか。ある意味でそれらを「ありそうにない」フィクションの檻の中に閉じ込めてきただけではないのか。

21世紀初頭の人々にとって、19世紀の人々が思いも付かなかったレベルで、自然と人間は予測可能なものになっている。統計学はビッグデータとAIへと進化し、ショッピングサイトの「おすすめ」機能は私が欲しいものを先回りして提示してくれる。また生命科学の進歩は、これまで漠然と個人の気質や運命に帰着させられていた生きづらさを、特定の遺伝子の異常に起因する(それゆえに回避可能な)ものとして明らかにする。

だが、どんなにリスクを排除しても「想定外」はやって来る。過去の観測データに基づく予測をあっさり乗り越えた巨大な津波が、いくつもの街と人を飲み込んだあの日から、私たちはこのことをすでに知ってしまっている。ビニールハウスを破壊しながら平野を覆い尽くす濁流、爆発して骨組みだけになった原子力発電所。あれはまさに、近代が閉じ込めてきた魔がフィクションの檻から抜けだし、悪魔となって襲いかかってきた瞬間だった。

ところが私たちの想像力は、あくまで現実の出来事としてのこうした規格外の自然の出現に対し、うまく応答することができない。

東日本大震災から2年後の2013年、三陸地方を舞台にアイドルを目指す女の子を描き、平均視聴率20%を超える大人気作品となった『あまちゃん』でも、日本中の視聴者たちは劇中の時間が2011年3月11日に近づくにつれ、やがて起こる悲劇の予感に不安を募らせていた。そして2013年9月2日（月）朝8時、いよいよ地震と津波が物語の舞台である袖が浜を襲う。固唾を飲んで見守っていた人々の前に映し出されたのは、なんと、それまでも劇中で何度も登場した「袖が浜のジオラマ」が壊れるシーンであった。

NHKの朝ドラと言えば、等身大の主人公とその成長過程を半年がかりでじっくりと描く、まさに現代日本の国民的ビルドゥングスロマンだ。『ふたりっ子』（1996年放映）では前年の阪神淡路大震災が劇中でも起こるなど、その物語は時として現実の出来事をも取り込みつつ進行する。ところが、その想像力が「穏やかでも規則的でもない自然」という現実を前に立ちすくんでしまったのだ。

折しもその時、安倍首相（当時）がIOC総会の演説で、福島第一原発の状況を「アンダーコントロール」と形容し、2020年の東京オリンピック招致に成功していた。そして、次のオリンピックに向かって世間が走り始める頃、物語もまた主人公の帰郷と地元でのアイドル活動を通じた袖が浜の「復興」で幕を閉じた。

大地からの視点

近代社会を生きる個人は、どこにもないみんなの「普通」と自分のズレを抱えてきた。右肩上がりの経済成長が続いた時代には、自分を殺し「みんな」のトレンドに合わせていればよかったかもしれない。しかし、社会が加速をやめたとき、それまで足元にあると思っていた地面がふっと消滅し、私たちは何もない虚空に放り出されていることに気づく。今や「みんな」に合わせるのは、より良い未来を目指すためではなく、これ以上落ちないためである。

さらに、未来を暗くしているのは経済的な地位低下だけではない。地球温暖化による平均気温の上昇により、これまで「南」の貧しい国々で蔓延していた病気が、「北」の国々へと拡大しつつある。ソロモン諸島で私を襲ったデング熱も、2014年には東京都心の代々木公園で発生している。近い将来さらに冬場の気温が上がり、ウイルスを媒介するヒトスジシマカの越冬個体が増えれば、デング熱は風邪やインフルエンザと同じような日本の風土病になるだろう。

社会も自然もその姿を変えてゆく。にもかかわらず私たちは未だ19世紀につくられた「自然さ」の感覚に囚われ、まるで崖から落ちるギャグマンガの主人公のように、何もない虚空に留まり続けようと必死で足掻いている。そして、己の姿の滑稽さを薄々知りつつも、なぜか無駄な足掻きをやめられない……。

いっそのこと、ここらで徹底的に落ちてみるのはどうだろう。どんどん落ちて大地に達してしまえば、もう怖いものはない。そこからこの世界を見れば、また違った光景が広がっているかもしれない。日本から見たコロナ禍は、これまで信じてきた安心・安全の崩壊と、医療体制の途上国レベルへの転落という絶望的なものであった。では同じ事態をソロモン諸島の側から見たらどうだろうか。

私が帰国した直後の2020年3月、ソロモン諸島は国境を閉鎖した。幸運なことにこの時点でコロナウイルスの流入はなく、その後も帰国者による散発的な流行はあったが、それもすぐ消し止められた。その結果としてほぼ2年近くの間ゼロコロナが続き、人々はマスクなしに出歩いていた。何とも皮肉なことに、少なくともこの間、新型コロナウイルスの流行状況という一点に限れば、日本よりソロモン諸島のほうが衛生状態がはるかに上であったのだ。

一つ断っておくと、この間のソロモン諸島が外界から切り離された楽園であったわけではない。わずかな感染者が出るたびに繰り返されたロックダウンは、貧しい都市住民が従事するインフォーマルビジネスを疲弊させ、首都では大規模な焼き討ちが起こった。コロナ前まで基幹産業の一つであった観光業は壊滅的な打撃を受け、日系ホテルでガイドとして働く友人からは経済的窮状を知らせるメッセージが届いた。

ところが、多くの人々が職を失ったにもかかわらず、他国で見られたような飢餓や極端な社会不安は起こらなかった。その理由は、彼ら・彼女らには自分たちの土地があったからだ。

2020年4月、ソロモン諸島を代表する日刊紙『ソロモン・スター』の電子版に、マライタ州知事ダニエル・スイダニが、私の現在の調査地であるマライタ島北部西ファタレカのコミュニティに対し開墾用のブッシュナイフを寄贈したという小さなローカルニュースが掲載された。この寄贈が行われたのは、前述のような事情で都市での生活が成り立たなくなった人々が続々と帰郷し、食糧の増産が急務となったタイミングであった。インタビューの中で知事は、今こそすべてのマライタ人が輸入食料に依存した怠惰な生活をやめ、自分の畑を切り開くべき時が来たと語っていた。

ソロモン諸島のような熱帯多雨地帯における植物の成長は早い。とくに成長の早いサツマイモであれば、植え付け後最短3ヶ月ほどで収穫可能になる。近年のソロモン諸島

Solomon Star
Solomon Islands Leading Daily Newspaper

SEARCH

Suidani donates 400 knives Featured

font size

30 April 2020 Author Editor

Premier Suidani handing over knives and files to Ward 5 WDC Chairman Ben on Wednesday at the Premier's residence in Auki. [Photo: Wilson Saeni]

Member of the Malaita Provincial Assembly for Ward 5 and Premier for Malaita Province Daniel Suidani has donated 400 knives to households in West Fataleka.

Premier Suidani donated the knives and grading files to Ward 5 Ward Development Committee (WDC) yesterday in Auki.

「スイダニ知事、400本のナイフを寄贈する」ソロモン・スター紙2020年4月30日付記事
(https://www.solomonstarnews.com/suidani-donates-400-knives/)

では、伝統的な主食であるイモ類に代わって、国外からの輸入食料である米の消費量が増えていた。しかしコロナ禍という危機に直面したとき、人々は即座に使われていない土地をブッシュナイフで草払いし、そこにイモを植え始めたのだ。

緊急事態における政府による生存支援という観点からすれば、マライタ州知事によるブッシュナイフの配付と日本における持続化給付金は同じようなものである。他方で、安倍元首相が配った1人当たり10万円の特別給付金は、同じ人物がとった金融緩和政策を原因とする物価高でその価値を大きく目減りさせたが、コロナが終わり人々が都市へと戻った後のマライタ島の土地では、今もなお植物が旺盛に茂り続けている。将来もしまた同様な事態が起これば、その土地は再び人々の命を支えるであろう。

むろん、現代日本で同じようなことができると考えるのはナンセンスだ。もし食料や燃料の輸入が途絶すれば、首都圏だけで人口の3分の2が餓死するとも言われている。私たちの足はある意味ですでに土地から切り離され、宙に浮いているのだ。けれども、マライタ島の人々にとっての土地のようなものが、もしかすると私たちにもまだ残されているかもしれないと考えてみることはできるだろう。

この世界はとっくの昔に壊れて、そこら中がひび割れだらけになっている。これまで通りの暮らしを続けようとする人々は、隙間を塞ごうと懸命だ。だが私たちはその先に行こう。彼方から微かに差し込む光は一体何なのか。目指すのは、実在する他者を通じた新たな想像力の獲得だ。

第2章
死は地中にあり、掘ると染み出てくる

死を埋める

２０１８年７月24日深夜、南太平洋マライタ島で一人の子供の命がこの世界からひっそりと消えた。この人類全体にとっては小さな出来事は、しかしながら彼の生に巻き込まれてきた特定の人々にとっては、自らの一部が抉られる痛切な経験であった。そして、日常の皮膚の下に隠れていた個々人の情動は、この瞬間にまるで動脈から噴き出す鮮血のようにあふれ出し、巨大なうねりとなって地表を覆い尽くしていった。人類学者が「通過儀礼」と呼ぶ、特別な時間の始まりだ。

まだ空に星が残る頃、女の泣き声が私の浅い眠りを破った。枕元のスマホの画面を点けると時刻は午前5時。いつまでも続く声にただならぬ雰囲気を感じ、次第に目が冴えてくる。そういえば数日前に同じ集落のイロニモとシオ（以下本書では、人類学の慣例に従い、実在の人名・地名については基本的に仮名とする）の夫妻が、小児白血病を患う6歳の末息子クレメントを連れて南部のクワイオに行ったな、と思い出す。

私が初めて西ファタレカ地域のファアバイタ集落を訪れた２０１７年末、クレメントもまた首都の病院から戻ってきたところだった。同じ集落に住む子供たちの誰よりもやんちゃな姿を見たとき、彼が少し前まで入院していたとは正直信じられなかった。ところが再び戻ってきた時、あんなに元気に走り回っていた彼は足の痛みを訴えており、やがてたびたび熱を出すようになった。数日前に医師から再入院を勧められた両親は、隣島ガダルカナルにある国立病院ではなく、評判の高いカトリックの神父がいるというクワイオ地方に行くことを選んだ。この時、私を含めた集落の誰もが、クレメントに残された命が長くないことを知った。

薄暗いベランダでまんじりともせず座っていると、ルームメイトのマイケルが戻ってきた。私の顔を見て「昨夜クレメントが死んだ。イロニモとシオはいまエンジンカヌーでクワイオからアウキ（州都）に向かっているところだ」と言う。50代独身のマイケルにとって甥のクレメントはまるで息子のような存在で、よく村の売店でビスケットやおもちゃを買ってあげていた。「ほんの小さな子供の死だ。大したことはない」と続ける彼の、言葉とは裏腹な心情に思いを馳せる。

デイヴィッド（マイケルとイロニモの長兄）宅のキッチンに行くと、知らせを聞いた人々が集まっていた。熱帯の島でも夜明け前の寒さは厳しい。急いで火をおこし、お湯を沸かして紅茶を飲む。これからやって来る大勢の弔問客をもてなすため、少年たちは薪を割り、女たちは鍋釜を持ち寄って炊き出しの準備をする。

クレメントがファアバイタ集落に帰ってきたのは、すでに日が高くなった午前9時過ぎのことだった。途中まで迎えに行っていたデイヴィッドとイロニモ、シオらが協力してピックアップトラックの荷台から小さな遺体を降ろし、デイヴィッドの家の中に運んでいく。プラスチックの敷物の小さな膨らみを見たとき、死がまぎれもない現実であることを実感し、思わず全身の毛が逆立つ。

やがて家の中から最初は小さなすすり泣き、続いて大きな慟哭の声が響いてくる。今までにも似たような場面には何度か立ち会ってきたが、どれも長く生きてきた老人の死だった。今回は大人に混じって明らかに幼い子供と分かる声も混じっている。私はこれ以上踏み込んではいけない気がして、キッチンですっかり冷めた紅茶を啜る。

その翌日、葬儀に参加できない遠方の親族のためのビデオを撮ってほしいというデイヴィッドの依頼で、私は初めてその場に入った。

敷居をくぐった瞬間、それまで耳に届いていた慟哭の声が音の塊となって襲ってきた。大人も子供も男も女も互いに寄りかかり、相手の肩に顔を埋めて泣いている。いつもはニヒルでクールなマイケルも、目を赤くして棺の側に突っ伏しているのが見えた。「新学期から一緒に学校に行こうって約束していたのに、なんで死んじゃうんだよ！」ホストファミリーの末っ子・ケイティの叫びが胸を衝く。ただ一人の部外者である私は、カメラという盾に守られつつ、かろうじてこの場に居合わせることしかできなかった。近くの教会堂でミサを行った後、棺を教会墓地に運ぶ。さっきの暴力的なまでに荒々しい慟哭の声とは対極的な、美しい賛美歌の響きがココヤシ林に満ち、樹冠から降ってくるインコの囀りと混ざり合う。

5分ほど林の中を進んだところに真新しい穴があり、行列はそこで立ち止まった。すでに地表から2メートルほど掘り下げられた土は、サンゴ礫が混ざる石灰質の断面を覗かせている。

「兄弟クレメントが最後の日に蘇り、聖人たちとともに天の国に召されることを、キリストと神に願いましょう」。教誨師の最後の言葉が終わるやいなや棺は穴の底に降ろされ、人々はすすり泣きながら手に持った花々を投げ入れると、その上を土砂が覆う。ちょうど棺の大きさほどの塚ができあがると、仕事が終わった男たちは十字を切り、墓の周りを綺麗に掃き清める。これから2日間は墓に戻ってはならない決まりであり、もしその間に誰か近づいたら足跡ですぐ分かるようにするためである。

その夜、ファアバイタ集落に巨大なPAシステムが運び込まれた。人々の悲しい気持ちを吹き払うため、今夜と明日はダンスが催されるのだという。12時頃、大音響に寝付かれず起き出してみると、近くの村から来た聖歌隊が賛美歌に合わせて踊っていた。街灯一つない漆黒の闇に、発電機とスピーカーの轟音が空気を震わせる。その中で月明かりに照らされて踊る白い衣装の子供たち。私はこの時、何か天使のようなものを現実に見た気持ちがして、呆然と立ち尽くしてしまった。それは、クレメントの死によって引き起こされた特別な時間の終わりを告げる天使だったのかもしれない。

やがて音楽が終わり、静寂が訪れた。傾きかけた満月を、赤と緑の灯りを点けた飛行機がゆっくりと横切っていく。ココヤシの葉が夜の海風に吹かれてそよぐ。草叢からリリリリリ……と虫の音が聞こえる。一人が消えた世界は、こうして何事もなかったように続いていく。

私はこの時、誰もいない教会墓地の地下2メートルで、けばけばしい化学繊維の毛布にくるまれたクレメントのことを想った。わずか6年間の生であっても、人間は他者の中に自らの存在をかくも鮮烈に刻み込むことができる。そして、そんな過剰な何かを巻き込んだ身体が、いま、ゆっくりと、しかし着実に、マライタ島の大地に飲み込まれつつある。

いや、死者は消え去るだけではない。人間を支える骨と人間が創り出した石油化学製品は人間以上の寿命を持つ（そういえば、今日ミサが行われた教会の近くでは、数十年前に大人

クレメントの埋葬

から子供まで十数体分の人骨が地中から発見され、大騒ぎになったことがあるそうだ)。クレメントもまた、その名前を覚えている人がいなくなっても、彼の墓、彼の服、彼の骨が今後数千年にわたり彼の生きた証として残り続けるだろう。

人々は自らの過剰な思いを大地に埋めることで、再び日常に戻ることができる。受け入れたあらゆる過去を保持し続ける大地の上に、マライタ島の人々の生活が浮かんでいる。

「お前の母親のクランは日本のエンペラーと同じなのか?」

私が2017年から通っているマライタ島を含めたソロモン諸島、および近隣の太平洋諸国の特徴の一つとして、その独特の土地制度がある。私たちにとって土地とは、所有権が役所の登記簿に記載され、1坪いくらで売り買いされるもの——つまりティッシュペーパーやパソコンと同じ「商品」——だが、ソロモン諸島でそうした「登記地」(レジスタード・ランド)は国土の約5~6%に過ぎない。残りの9割は「慣習的所有地」(カスタマリー・ランド)と呼ばれ、その所有権は慣習的にその土地を所有してきた集団にあるとされる。

慣習的所有地には土地の登記簿がない。つまり近代において土地と所有者の関係を保証している国家が、慣習的所有地には存在しない。では、いかにして国家なしに土地の所有権を決められるのか。そこに住んでいる人々の相互承認によって、というのがとりあえずの答えだ。

西ファタレカにはおよそ10前後の「アエ・バラ」という集団が存在している。これを人類学の用語ではクランと言う。いまクランといえばオンラインゲーム上の仲間集団のことが真っ先に思い浮かぶが、元々は「祖先を同じくすると考えている人々の団体」というれっきとした専門用語だ。この祖先を辿るやり方（＝出自）には、大まかに言って父系と母系の2つがある。たとえば夫婦の子供が夫の姓を名乗る日本の「家」は父系出自クランだ。マライタ島も日本と同じく父系だが、隣のガダルカナル島やマキラ島は母系である。これらのクランは今から数世代〜数十世代前にこの地にやってきたとされる。移住の経緯は「最初の祖先が誰もいない土地を発見した」「戦いに負けて逃げてきた」などさまざまである。いずれにしてもこうしたクランの由来は現地の言葉で「アイ・ニ・マエ」と呼ばれる歴史物語となって、この地域の人々に広く知られている。

私が滞在していたファアバイタ集落から北に1キロメートルほど行ったところに、タキバクワ川という川が流れている。そのほとりにベティガという老人が住んでいた。彼は元々警察の特殊部隊員だったが、任務中に誤って容疑者を殺害したため免職の憂き目に遭い、私が訪ねた時はすっかり落ちぶれた境遇であった。

彼の祖先はトリンギア・クランの出身であり、ここから南に5キロメートルほど離れたクランの土地にいた。ところが今から5～6世代前に、タキバクワ川一帯の土地所有者であるルムルム・クランとよそのクランの間で戦闘があり、傭兵として参加したベティガの曾祖父が報酬としてクランの土地の一部を手に入れた。彼はこの土地が気に入って家を建てることとし、その系譜はベティガとその娘・息子の代まで続いた。このため、ルムルム・クランの中にちょうど飛び地のようにトリンギア・クラン（のある一族）の土地が存在するようになったのだ。

ちなみにこの話はタキバクワ川一帯に住む人々が皆知っており、ベティガは2つの小川に囲まれた数平方キロメートルの土地の「土地所有者」（ランドオーナー）と呼ばれていた。1960年代に州都から海岸線に沿って延びる幹線道路ができたことで、彼の土地は交通便利な一等地となり、今では他のクランの人々もここに家を建て畑を作るようになった。こうした人々は、かつてトリンギア・クランと通婚関係を持った一族の一員であり、それを根拠にベティガの土地を使用する権利を得ていた。

とはいえ、土地そのものの基底的権利を持つのはあくまでベティガと彼の男系子孫である。もし彼が「出て行け」と言えば、この土地に対し二次的なつながりしか持たない他の住人は従うしかない。おそらくそのためだろう。私の調査中に、貧乏なベティガが自分の土地にあるよその家に上がり込み、紙巻きタバコや返すあてのない少額の借金をねだる光景がたびたび見られた。ねだられた方は、せいぜい後でベティガの陰口を叩くのが関の山だった。

ある曇り日の午後、ベティガの長男のレナードと私は、お茶を飲みながら日本とマライタそれぞれの慣習について話していた。話題はいつの間にか日本の天皇（エンペラー）の系譜に及んでいた。私は、天皇の祖先が天からやってきて、いまの宮崎県と鹿児島県の県境にある高千穂峰に降りたという『古事記』の天孫降臨の神話を語り、ついでに何の気なしに、その場所は自分の母方の故郷（宮崎県都城市）の近くなのだと付け足した。

これに対するレナードの反応は予想外のものだった。

「じゃあ何だ、お前の母親のクランは日本のエンペラーと同じなのか？」

私は内心うろたえつつ、都城市と高千穂峰は近いと言っても数十キロメートルは離れていること、天孫降臨の神話は今ではフィクションとされていること、そして何より天皇家と新穂家（母方の実家、元・都城島津家家臣）はまったく別のクランであることを慌てて説明した。

説明しつつも、なぜレナードが「私の母親と天皇が同じクランである」という突拍子もない推論に達したのかについての疑問が湧き上がってきた。思い当たったのは、タキバクワ川の河口にある巨大な木々の茂みのことだ。ちょうど小さな岬となって海に突き出しているその一帯は、「フィウボンギ」(7日間)という名前で呼ばれている。この由来は、かつてこの辺りの海岸線一帯を所有していたフィウボンギ・クランの祖先が、7日間の航海の末にマライタ島に辿り着いた、その上陸地点であったからという。またフィウボンギ・クラン以外にここを始まりの地と考えているクラン——それらはしばしば同じカヌーに乗って海を渡ってきた親族同士であると考えられている——も多く、レナードらのトリンギア・クランはその一つである。人々は「フィウボンギはちょうど現在の州都アウキの港のような場所であり、さまざまな場所から人々がやってきてはしばらく留まり、やがて各地に散っていったのだ」と語る。

道路沿いの土地は、今ではほとんどが現金収入用のココヤシ・プランテーションとなっている。だがタキバクワ川の手前で一瞬途切れ、道の向こうに樹高数十メートルの木々が姿を現す。祖先の時代から変わらないこの森の向こう側が、今から1000年以上前にトリンギア・クランの祖先が上陸したとされている場所であり、その隣には今は絶えてしまったフィウボンギ・クランの同様の場所がある。レナードが彼のブレーキの壊れた自転車に乗って自動車道路を行くとき、彼はこの神話を実際に目に見える景観として経験している。だからこそ、天皇家と私の母方の「起源の地」が近いと知った彼は、両者の間に姻戚関係などの何らかの関わりがあると結論づけたのであろう。

このように、マライタ島において神話は言葉のような抽象的な存在であるだけではなく、人々は日常的に神話の中に住まっている。そして、このことは土地所有のあり方にも深い影響を与えている。

タキバクワ川を挟んでベティガの地所の対岸に、ワシスビという別の老人が住んでいた。いつもサングラスにボブ・マーリーの顔が描かれたTシャツを着てヒョコヒョコ歩く彼に、私はひそかに「亀仙人」というあだ名を付けていた。ところがこの気さくで剽軽な人物は、実は西ファタレカの北東にあるマロド地域のチーフであった。おまけに彼はこの辺りの系譜や土地に関する権威であり、過去の土地裁判で幾度となく重大な証言を行うなど、クランの外でもその名声は鳴り響いていた。

調査の初期、まだ私が現地語をほとんど解さなかった頃、ある土地に関する話し合いでワシスビが突然立ち上がり、持っていたアラフォロ（伝統的な戦闘用棍棒）で床をバンバン叩きながら、何か図のようなものを描き出したことがあった。終了後、同居人のマ

「フィウボンギ」の岬

チーフ・ワシスビ

イケルは私に向かい、「最後にワシスビが立ち上がって床を叩いただろう。あれは『ここにこういう名前の祭祀地がある。掘ってみれば分かることだ！』と言っていたんだよ」と説明した。

マイケルは続けてこう説明した。自らの主張するストーリーに出てくる出来事が実際に起こった現場を指し示せなければ、その話は信憑性がない。反対に「こういうことがあって男が殺され、ここで彼の肉が焼かれた。そのかまどの石はここに埋まっている」と言い、実際に掘って円形に組まれた石が出てきたら、その話は確かだということになる。ワシスビが以前に関わった争いでは、彼が指示する場所を掘ったら本当に石が出てきたことがあったという。

クランの伝承は次のような語りで満ちている。長い放浪の果てに自分の土地を見つけた最初の祖先が、一面に広がる熱帯林を切り開き、ベゥと呼ばれる男性小屋を築いた。彼はやがて妻を娶り、多くの子をなした。娘はよそのクランに嫁入りしたが、息子は集落に残り、さらに孫が生まれた。やがて祖父が死ぬと、彼の遺体が置かれたベゥはそのまま「ベゥ・アブ」（直訳すれば「タブーとなった男性小屋」）と呼ばれる墓になり、子孫はそこで彼に加護を願った。世代を重ね、その地に多くの死者が埋められていくにつれ、人間と土地は次第に混ざり合い、両者の関係はより強いものになっていった。

ところが、今から1世紀以上前にキリスト教の宣教が始まると、祖先祭祀を「悪魔崇拝」と呼んだ宣教師の命令で祭祀地は放棄された。キリスト教を受け入れた世代の間では、いつの間にか立ち入ることさえタブーとされた。こうして人間の手を離れた祭祀地には、成長の早い熱帯の木々が旺盛に生い茂り、周囲の土地が畑やプランテーションとして開拓されていく中で、そこだけ祖先の時代のままの異質な景観が残ることとなった。人口の9割以上がキリスト教に改宗した現在のマライタ島でも、土地のことだけは数十〜数百年前の出来事に遡って根拠づけられる。だからこそ、立ち入ることさえできない祭祀地は、逆説的にも辺り一帯の土地を所有し利用することの根拠であり続けている。土地所有者は、自らの土地の中にこうした祭祀地をいくつも抱えており、そこに遺体を埋められた特定の祖先がどんな経緯でその土地を獲得したのか、それぞれに由来の物語を持っている。

どこが誰の土地かを証明する客観的な記録がなく、当事者の相互承認によって決まっているという現地の土地制度は、調査を始めた当時の私にとってずいぶんいい加減で不安なものに思えた。実際、ある土地で開発プロジェクトが噂されるやいなや、何人もの「土地所有者」が名乗り出て、泥沼の裁判闘争を繰り広げるといった事態は少なくないし、そうした制度面でのインフラの不備がこの国の経済成長にとって大きな障害となっていることも間違いない。

けれども彼ら・彼女らは、相矛盾する主張が乱立する醜い争いを前に傷つき落胆しても、そこから一足飛びに「本当のことなんてどこにもない」と早上がりで結論づけることはない。なぜなら、いまここに生きている人間たちが本当のことを忘れてしまっていたとしても、そこに祭祀地がある以上、何かがあったことは確実なのだから。

近代社会で人間が土地を所有することの根拠は、それ自体は目に見えない「所有権」という抽象的な観念である。この観念は文字として記録されることで具体化される。マライタ島民が頼るあやふやな人間の記憶とは違い、文字に書かれた内容は人間の外部で絶対的に存在し続ける。この点で私たちはマライタ島民よりはるかにしっかりした記憶の手段を持っている。

ところが、そうした客観的な記憶の上に作られる現実の街を、人々はあっという間に忘れてしまう。いまはコンビニになっているあの角の土地、前は何が建っていただろう。区画整理がされる前のこの街の風景も、もう思い出せない……。具体的な土地についての人間の記憶力がこんなていたらくでは、もし核戦争で地上の街がすべて消え去り、おまけに役所の登記簿も消えてしまったら、一面の焼け野原に土地の境界を引き直すことは難しいだろう。私たちは土地を記号化し思うがままに操ることで、現実の土地と人間の関係を、次から次へとスクラップアンドビルドを繰り返す、慌ただしくよそよそしいものにしてしまったのだ。

他方、マライタ島で生者が土地を所有することの根拠は、直接見ることができない地中の死者たちの存在である。これを可視化するのが、開けた景観の中にぽっかりと浮かぶ祭祀地だ。どんなに暮らしが変わろうとも（いや、だからこそ）祭祀地は残り続け、人々の日々の生活と記憶の両方に刻まれ続ける。マライタ島の人々は、苦労の末に手に入れた土地裁判の勝訴書類を、一族や近隣住民にひとしきり見せびらかした後でゴキブリやネズミに囓られるがままに放置することがあるが、これは単なる無知やだらしなさの結果というよりも、私たちが現実の街の移り変わりに無関心なように、彼ら・彼女らにとって重要なのは文字で表現された抽象的な権利ではないことを示している。そして、ここで権利書や登記簿に相当するものこそ、具体的な土地なのである。

ヴィクトリアの病気

日本の土地とマライタ島の土地を比較したとき、まず気になるのは後者には所有権の制度がないということである。代わりに土地そのものの景観やそこに刻まれた記憶が、所有権のようなものとして機能している。そう考えれば、マライタ島の人々は大事な書類を管理できないだらしない連中ではないし、慣習的所有地は国家の支配が届かない無法地帯でもない。マライタ島のやり方にはそれなりに理解可能な合理性がある。

しばしば人類学のモットーとされる文化相対主義とは、だいたいこのようなものだ。素朴な観察者にとって、他者の文化はしばしば異質で劣ったものに見える。これに対し人類学者は「なぜ劣って見えてしまうのか」を問い、そこから私たち自身の不可視の文化を客体化する。こうして他者と自己は同じ「文化」というテーブルの上で、互いに対等な存在として向き合う。

だが、ここでもう一歩踏み出してみよう。ここで行った比較において、最終的に同じようなものとして並置されたのは、権利（日本）と景観（マライタ島）であった。確かに人間と土地を結びつける媒体という点で両者は等しいが、その働きには異質なところがある。私たちにとって土地の権利書はあくまで人間によって作られる客体である。書類が自ら勝手に増殖したり、書かれた内容が変わってしまうことはない。ところがマライタ島の土地は、自ら動き、語る。マライタ島では人間が土地を所有するのではなく、土地が人間を所有している。

これはどういうことか。私が身近で見聞した事例をもう一つ挙げよう。ファアバイタ集落での私のホストマザーであった、デイヴィッドの妻ヴィクトリアの身に起きた出来事である。

彼女の出身クランであるオリキ・クランでは、2018年頃から自らの土地にマレーシア系の企業を誘致し森林伐採を始めた。ところがさまざまな問題が噴出し、ついに2019年末には企業の撤退という結果に至った。その最大の原因は、伐採事業を率いたスティーブン（ヴィクトリアの異父兄弟）が、自分一人の利益のため強引に開発を進めたことであった。噂では、彼はでっち上げの書類を根拠に自らの集団がオリキ全体の正当な権利を持つと主張し、政府から伐採ライセンスを取得したとのことであった。そして、わずか1年弱の操業期間の間に得られた収入は、大部分が彼の懐に収まった。

まるで火事場泥棒のように振る舞うスティーブンに対しては、オリキの近しい親族ですら距離を取る者が多かった。ヴィクトリアもその一人であり、毎晩のように隣の集落で開かれる親族会議に出かけては、深夜ひどく疲れた顔で帰ってきた。ある日、彼女は私に向かって「スティーブンたちは自分の兄弟だけど、毎日のようにビールを飲んで酔っ払っている最近の彼らは恐ろしい」とぽつりと言った。

ただし、ヴィクトリアは「自分たちの集団がオリキ全体のリーダーシップを持つ」と

ヴィクトリア（左）とイトコのアンジャネット（右）

いうスティーブンの主張については否定しなかった。なぜならヴィクトリアもまた彼女の実父から同じような話を聞いていたからだ。

マライタ島の人々にとってクランの系譜や土地についての知識は、私たちにとっての住民登録や身分証と同じくらいかそれ以上に重要なもの——自分が誰であるのか、どこで生きていくことができるのかを教えてくれる——であり、中でも自分の親から伝えられた知識は、血を通じて代々伝えられ、他人が否定すると祟りがあると言われる、最も侵しがたいアイデンティティである。だからスティーブンの行動がどんなに胡散臭かろうとも、彼から離れる選択肢はなかったのだ。

2018年10月頃、ヴィクトリアの右腕に小さな腫れ物ができた。程なく腫れは右腕全体に広がり、彼女は夜も眠れないほどの痛みにのたうち回った。心配した夫のディヴィッドが診療所に連れて行ったが、医者はおろか薬のストックもなく、ただ箱一杯の脱脂綿をもらっただけだった。仕方なくヴィクトリアはケイティに命じて薬草を煮させ、その汁に浸した脱脂綿を患部にあてがっていた。

ちょうどこの頃、オリキ・クランの森林伐採をめぐる争いも激しさを増していた。問題は、現在の伐採の根拠となるオリキのクランとしての一体性にあった。対立する派閥のリーダーは、スティーブンやヴィクトリアの祖先が父方の血を同じくする叔父や兄弟を殺したことがきっかけとなって、オリキは3つに分裂したのであり、彼のライセンスは彼の集団の土地でしか有効ではないと主張していた。こうした主張を聞くたびに、ヴィクトリアはそれを言った者のことを口を極めて罵った。

ただ、たとえ敵の主張を否定したとしても、自分の実存を真っ向から否定する他者が現実にいることに変わりはない。自分は何も悪くないはずなのに、なぜ彼・彼女はそんな侮辱をあえてするのか。もしかすると本当に過去に「何か」があって、それがあの人たちを突き動かしているのではないか……。眠れない夜、痛みで白々と冴えていく頭で彼女が何を考えていたのかは、わからない。

そもそもクランが分裂する原因として最も多く語られるのは、兄弟同士の不仲である。内心不満を抱えつつ、どちらかが平和裏に身を引くならまだいい。ひとたび肉親同士の殺し合いに発展してしまうと、両者には決して消えない傷が残る。中でも問題なのが、そうした争いが本当にあったかどうかすら分からなくなることである。人々は言う。祖先から伝わる知識を裏切ることは大変な過ちである。しかし、肉親を手に掛けるほど怒り狂った人間はそんなことすら忘れてしまい、自らの子孫に対し、まことしやかにウソの知識を語って聞かせる。子孫はそれを親から伝えられた真正な知識として信じ込み、さらにその子孫へと伝えていく、と。結果として、皆がねじ曲げられた知識をそれぞれ真実と思い込み互いに相手を否定しあう、地獄のような状況が出現する。

マライタ島の人々は、携帯やSNSが普及するずっと前から、こうした終わりなき人格攻撃の地獄を生きている。それは、ただ自分が正しく相手が間違っているという信念を持っているからではなく、「自分」というものを遡っていくと、あらゆる客観的証言を不可能にしてしまう暴力の闇につながっているからである。

他方、どこまで行っても果てが無いSNSの地獄と違うのは、ここでは唯一すべての真理を知っている者がいることだ。それは、大地に眠る祖先たちである。何百年も前に、憎み、争い、死んでいった彼らだけが、本当に何が起きたのかを知っている。動物や土地の奇瑞、子孫が見る夢や身体の変化は、すべて物言わぬ死者・大地からのメッセージとして解釈しうる。ある人が他者を否定し自らの正義を声高に主張するとき、彼・彼女は秘かに身の回りに現れるこうした兆しに注意を払い、それが自らの知識を本当にする(ファアママナ)かどうかを確かめている。

10ヶ月ほどのブランクを経て2020年1月にフィールドに戻ってきたとき、オリキ・クランは元の静けさを取り戻していた。スティーブンは対立していたリーダーと組んで新たな伐採事業を企んでおり、その背後にはトリンギア・クランの有力者がいるとの噂だった。ヴィクトリアの腕の腫れも、もうすっかり元に戻っていた。

ヴィクトリアは言った。「昔、アカロ（祖霊）は人を支配し、これによって人々の間でお互いに争いが起こってきた。しかし私たちはアカロのことは封印することにした」。彼女は続けて語り出した。

自分がかつて父から聞いた話では、祖先が祭りのために準備していたタロイモの中にビラキ（という名前のオリキ・クランの一集団）の人々が糞をこっそり入れていった。祭りの会場に着き糞を見つけた祖先たちは怒り、そこに集まっていたビラキの人々を襲って皆殺しにしたため、その男系子孫は絶えてしまった。なぜビラキの人々がそんなことをしたのかはわからない。おそらくずっと前からの憎悪（ススブラエ・イ・ナオ・マイ）があるはずだが、自分は父に聞かなかった。ただ今度のロギングでもビラキの土地は伐採しないことにした。

ここでヴィクトリアは、自らの祖先による他クランの殺戮を事実として認め、さらにその原因となった「タロイモに糞を入れる」という相手の侮辱的な行為を、さらに「ずっと前からの憎悪」に理由があるものと推測している。ここで彼女は、自己と他者の対立の背後にある起源の闇を直視し、父から受け継いだ真実がもしかすると「呪い」でもあるかもしれない可能性に思い至った。そして祖先の呪縛を振りほどき、他者との共存に向かって踏み出したのである。

この数日後、私はオリキ・クランの土地に向かう、放棄された林道を歩いていた。新しく企業が進出した向こうの山は中腹までミミズ腫れのような林道に覆い尽くされ、けたたましいチェーンソーの響きが聞こえてきた。その手前には、対照的に全体が緑に覆われた別の山が見えた。同行する友人が囁く。「あれがビラキの土地だ。皆殺し唯一の生き残りの子孫がいま裁判を起こしている。だからあの山は手が付けられないんだ」。

この瞬間私は、目の前の何でもない山が、ヴィクトリアを含むオリキ・クランのすべての人々にとって「起源の闇」を体現した土地であることを知った。そして自らの土地に埋め込まれた、あってはならない／あったかもしれない過去と直面するヴィクトリアのことを想った。

＊

19世紀末から20世紀にかけて活躍したオーストリアの精神科医ジークムント・フロイトは、精神分析の創始者として知られている。彼が発見した「無意識」とは、人間の意識の下で動いているさまざまな欲望や身体的衝動の総体であり、過去のトラウマがこの

ビラキの土地とされる尾根(画面中景)

無意識のレベルへと沈下することで、表層のレベルで支離滅裂な妄想や病的行動が発現する。

フロイトの代表的な著書の一つ『夢判断』(ジークムント・フロイト 1969『夢判断(上)』、高橋義孝訳、新潮社)のエピグラフには、古代ローマの詩人ヴェルギリウスの『アエネイス』の一節「天上の神々を動かしえざりせば冥界を動かさむ」が引用されている。進歩への信頼が終わろうとしていた19世紀末、彼は人間の理性を天上の神々に例えつつ、そうした輝かしい精神に対置されるほの暗い大地の冥界を通じてこそ、人間の真の姿を明らかにできると問うたのだ。

精神分析が人間の内側にある無意識を探求するなら、マライタ島の土地は、まさに人間の外側に広がる無意識である。自己の根本に「あったかもしれない」トラウマは、目の前にある「なぜか手を付けることができない」森と渾然一体となり、ブルドーザーで土地を「掘る」ことは、クランの過去を「掘る」ことと区別が付かなくなる。そうして土地と人間が互いにすきこまれてゆく中で、人は呪縛と解放のドラマを演じ、土地はその姿を変える。

生きた土地

熱帯の植物の成長は早い。ブルドーザーで荒らされた伐採現場も1～2週間ほどで草木が芽吹き、雨でも降れば一気に人の腰の辺りまで伸びる。最初は日光を好み成長の早い先駆種が大半を占めるが、やがてその影でカロフィルム、マトア、ヴィテックスなどの極相種の高木が伸び、やがて先駆種を駆逐して樹高数十メートルの極相林を形成する。この土地に生きることは、放っておけばすべてを飲み込む植物の力に抗して、人間が生きていける場所を切り開いていかなければならないということである。

調査地の日常会話で最もよく聞く言葉の一つに「バラシ」がある。英語の「ブラシ」が訛ったこの言葉は、その名の通り、刃渡り1メートルほどの山刀で地面をなで切りして草を刈ることを意味する。人々は「ちょっと家の前をバラシしてくる」とか「学校のグラウンドはもう1ヶ月以上誰もバラシしていない。PTAは何をしているのか」などと言う。このように、教会、サッカーグラウンド、家の敷地など、人々の日常生活の場は定期的に「バラシ」され、これを怠った者は周囲から非難の目線に晒される。

「バラシ」された、言い換えれば人間の制御下にある土地の対極にあるのが、草木が伸び放題に伸びた藪や森である。中でもキリスト教改宗以降、誰も立ち入ろうとしなくなった祖先時代の祭祀地は、1世紀以上にわたってほぼ手付かずのまま植物が伸び続けた結果、今では見通すことが難しい暗い森になっている。

ファアバイタ集落から歩いて15分ほどの海岸沿いに、「オネ・スア」という小さな砂浜がある。「オネ」は砂、「スア」はけがれを意味するので、直訳すれば「けがれた砂浜」ということになる。この名前は砂浜の近くの祭祀地に由来する。かつてのマライタ島では祖霊祭祀に関する厳重な男女の禁忌があり、女性は祖先を祀る場所に近づくことすら許されなかった。ところがキリスト教以降そうした禁忌が過去のものとなると、女性も祭祀地のすぐそばを通って砂浜に行くようになり、その場所は「けがれて」しまったのだという。

近所の少年たちを連れて初めてこの場所を訪れたのは最初の滞在中だった。サンゴを積み上げた塚とその上に根を張る木々を前に彼らは言った。「大昔のベウ・アブだよ。これを作った人たちは皆殺されてしまってここにはいないんだ」。かつての禁忌を踏みにじられ、祀る子孫の行方さえ分からなくなった祭祀地は、確かにこの時、もはや人々の記憶からも脱落し、ゆっくりと消えつつあるかのように見えた。

数日後、このことをキッチンでヴィクトリアたちにしゃべったところ、驚くような反応が返ってきた。「あのオネ・スアに行ったのか！　あそこはかつて途方もない力を持っていたんだよ。今ではようやく女や子供も近づくことができるようになったけど、それでも石積みに立ち入ったら『ルマアシ』という呪いにかかって身体のどこかが腫れ上がるそうだ」。別の誰かが続けた。「それだけじゃない。木の根をまたいだだけでも呪いがうつるというんで、道に伸びてきた根やツタをわざわざ切って投げ返さなきゃいけないんだ」。

翌日、私は一人でオネ・スアに出かけた。小道が祭祀地を通り過ぎる辺りで、地面を這う木々の根が不自然に断ち切られているのに気がついたとき、背筋に冷たいものが走った。急に場の「圧」が感じられ、息を詰めて数枚のシャッターを切ると、逃げるように自動車道路へと早足で引き返した。途中左足の小指が何かのトゲに当たって血が出たが、その痛みに気がついたのは自室に戻ってからだった。

＊

マライタ島の人々は、自然に抗するかのように、過去を記憶し、集落や畑を切り開く。それらの人工物は時間の経過とともに自然へと凋落していくが、その時自然もまた人工

オネ・スアの祭祀地

と識別不能になる。この不安な光景は、忘れてしまった、けれども忘れられないトラウマの幻像を人間に喚起するだろう。

長い時間の中で情報は失われ、今となってはなぜこの場所があるのかも分からない。限りなく匿名的になった死者は、成長する植物のような自然の力と次第に見分けが付かなくなる。とっくの昔に死んだはずの人間は、サンゴ岩や植物と混ざり合いながら「生きて」おり、おまけに隙あらば生者の領域へと這い出そうとしている。人々はこの不可解なイメージを前にして、背後にある不在の——しかし目の前に結果がある以上、確実に存在する——原因を探し出そうとする。

やがて海が満ち、波が地面を洗うようになれば、木々は枯れ石積みも元のサンゴ礁へと帰っていく。何百年も前に殺された（かもしれない）死者たちの浮かばれぬ魂は、海という究極の自然の力によって救済されるだろう。

……しかし現在の地球で海を満ちさせている力は、人間である。産業革命以降、先進工業諸国が排出した温室効果ガスのために両極の氷が溶解し、地球上のあらゆる地点で低海抜地帯は水没の危機に晒されている。押し寄せる海水が「オネ・スア」の呪いを解くのだとしても、それは今や地球規模に拡大した人間活動と識別不能になっているのではないか。

だとしたら、ここで語られたマライタ島の土地と人間の物語もまた、ちょうど2つの手が互いに描き合うエッシャーのだまし絵のように、どこかでこちら側とつながっているのかもしれない。次に考えなければならないのは、こうした他者の魔術的な現実と私たちの日常を、どちらも対称的に理解する視点だ。両者の背景として浮かび上がるのは、人間すべてにとっての生きる基盤、つまり自然である。

第3章 プラスチックが新しい地層になるとき

「われわれはもう人新世に入っているのではないか」

西暦2000年2月23日、メキシコ・クエルナバカ。この地にあるマキシミリアノ・イ・カルロタ・ホテルの会議場では、22日から4日間の予定で「第15回地球圏 - 生物圏国際協同研究計画（IGBP）科学委員会会議」が開かれていた。

IGBPとは地球環境に対する物理・化学・生物的な諸現象による影響とそれらの相互作用を解明することを目的として、1987年に創設された国際共同研究プロジェクトである。太陽をはじめとして、地核、海洋、大気、生態系、人間活動など地球環境を形成する力は多岐にわたり、これらの相互関係を把握し過去と未来の地球環境を理解することは、人間の生存にとってきわめて重要な意味を持つとされる。

さて、この会場に出席していた一人の人物に目を転じたい。1995年にオゾンホールの研究でノーベル化学賞を受賞したパウル・クルッツェンである。彼は会議の副議長として、古環境の変遷（地中や氷床中の堆積物などを用いて、数千～数十万年単位の環境を明らかにする研究分野）に関する分科会の報告を聞いていた。会議の最中、発表者たちは何度も「完新世」（ホロシーン）という言葉を使った。完新世とは今から約１万７０００年前に始まった地質学的時代であり、その歴史は人類の歴史とほぼ等しい。

ところがクルッツェンは、完新世という概念の内実に引っかかった。１万７０００年前の石器時代には、人類はまだ狩猟採集生活を送っていた。ところが１万年前から始まる農耕文明は人類の環境適応能力を大きく増大させ、その棲息域は衛星軌道や月にまで到達しようとしている。のみならずとめどなく増大する文明活動は、オゾン層破壊や気候変動といったグローバルな環境問題を引き起こし、地球そのものを造り変えようとしている。つまるところ、人類が他の動物と同様に自然の一部であった時代とその限界を踏み越えて自然を改変し始めた時代を、どちらも同じ完新世という区分に入れるのは、よくよく考えればおかしいのではないか。

コーヒー・ブレイクの直前、この違和感はついに一つの言葉として結晶化した。彼は手を挙げて発言を求めた。

「この会議では完新世という言葉が何度も用いられているが、われわれはもう人新世（アントロポシーン）に入っているのではないか」。

会場は一瞬静まり、やがてあちこちで熱い議論が始まった。コーヒー・ブレイクの最中、「その言葉はもう特許を取っているのか？」とクルッツェンに尋ねる者もいたという（寺田匡宏＋ダニエル・ナイルズ　２０２１「人新世（アンソロポシーン）をどう考えるか」寺田匡宏＋ダニエル・ナイルズ編『人新世を問う――環境、人文、アジアの視点』京都大学学術出版会）。

思いがけない反響に驚いたクルッツェンは、その後、著名な科学誌『ネイチャー』に論文を発表する。「人類の地質学」(Paul J. Crutzen 2002 "Geology of Mankind" Nature 415.) と題されたこのわずか1ページの論文により、「人新世」の概念がはじめて広く知られるようになった。

論文の冒頭で彼は、地球環境に対する人間の働きは増大し続けていると述べる。特に重要な契機が、18世紀末のジェームズ・ワットによる最初の蒸気機関の発明である。極地の氷に閉じ込められた過去の大気の分析は、ちょうどこの時期に大量の二酸化炭素が大気中に放出され始めた事実を示している。何か大きな攪乱要因がない限り、今後数千年は人間が主要な環境形成要素となるはずであり、ゆえに人新世においては人間活動の自制、場合によっては意図的に気候をデザインする大規模なジオ・エンジニアリングが必要である。

このような問題提起を受けて、２００９年には国際層序委員会（ＩＣＳ）に「人新世ワーキンググループ」が結成された。ＩＧＢＰ会議でのクルッツェンの発言からわずか９年後、地質学的年代として人新世を組み入れるかどうか、またその指標となる地質学的イベントをいかに規定するかが専門家の間で正式な議論の対象となったのである。

地質学的年代としての人新世の妥当性をめぐっては、現在もICSで議論が続いている。つまり人新世はまだ仮説段階であり、正式な科学の概念とは言えない。ただ興味深いのは、科学的には未だ定まらない人新世という概念が、あっという間に現代世界を象徴する言葉となり、自然科学のみならず政治、社会、文学、エンターテインメントなど文理の垣根を超えた幅広い関心を集めていったことである。なぜこんなことが起きてしまったのだろうか。

哲学や文学などのいわゆる文系の学問は、人間の内面的な意味や価値を扱うものであり、人間とは無関係な客観的事実を扱う理系の学問とは分けられると考えられている。ところがICSで人新世の指標として検討されているのは、二酸化炭素、プラスチック、核実験由来の放射性物質など、かつて人間の欲望を満たすため生産され、廃棄されたモノである。また、そうした文明活動の結果として起きてしまった気候変動問題では、たとえば大量の温室効果ガスを排出する現在の生活スタイルからの脱却が求められているが、そのためには技術的対策だけでなく価値観レベルでの変革が必要である。つまり人新世において人間の内面的な意味や価値は外界の物質と対立するものではなく、むしろそれこそが現在の危機の要因にして解決の要なのだ。

では、いま私たちはいかに人新世を経験しているのか。2019年に公開され大ヒットした新海誠監督の『天気の子』は、この点で興味深い作品である。

雨が降り続く東京で出会った少年少女（森嶋帆高と天野陽菜）。陽菜は新宿の廃ビルの屋上にある不思議な神社で謎の力に巻き込まれ、祈りによって短期間雲の晴れ間を作ることができる「晴れ女」の力を手に入れる。未成年でアルバイトもできない2人はその力を生かしてビジネスを始める。ところが物語が進む中で、陽菜が「晴れ女」の力を得たのは彼女が天への生け贄となった予兆であることが分かる。降り続く雨は人間と天の関係が崩れた結果であり、それをもう一度元に戻すには、新しく人身御供を立てる必要があったのだ。帆高は世界（東京）を救う代わりに陽菜を取り返すことを選び、数年後、関東平野の大半が水没する。

この物語の主人公は、高名な科学者の対極にある、無知で危なっかしい若者たちだ。少年は暴力団員が捨てた拳銃を拾い、風俗スカウトの男に対し衝動的に発砲する。少女は目先のわずかな収入のために「晴れ女」の力を使い、ついに天に攫われてしまう。ここでは社会も自然も、客観的にそのメカニズムを理解する対象というより、よく分からないまま一方的に襲ってくる疎遠で敵対的な暴力として経験されている。

この映画が公開されたときにSNSで目にした批評の一つに、新海誠は人新世を「神」

新世にしてしまっている、というものがあった。人間が引き起こした気候変動を、あたかも神がもたらした不可避な災害であるかのように描くことで、当の人間を免責しているというのである。けれども物語の最後では、もう一度物語は人間の手へと戻ってくる。故郷の島から東京の大学に進学する帆高。彼の机の上に広げられた科学雑誌やパンフレットの一つには「人新世」の文字が見える。このわずか数秒のシーンは、かつて無知で無力なまま一方的に経験させられた不可解な出来事に今度は理性と科学で立ち向かうことを決意した、主人公の変化が表現されている。

『天気の子』の「天気」には2つの顔がある。一つは科学的概念としての「人新世」、もう一つは「晴れ女のまじない」と人身御供。両者の間には科学／非科学というシャープな断絶がある。そして、物語の流れの中での前者から後者への移行は、主人公が「大人になる」過程と二重写しにされている。

社会全体で気候正義運動や脱炭素への取り組みが広がる欧米諸国と比べたとき、日本における同種の問題に対する関心の薄さや、そうした態度の背後にある無責任な自然破壊を正当化する日本的な自然観の問題点は、これまでにも指摘されてきた。文化的に構築された自然観の歪みによって、日本人は科学的に証明された気候変動の普遍的真実から目をそらされ、気候変動を自分事として捉え具体的な行動を起こすことを妨げられているのではないか……。先の批評にはそうした現状に対する苛立ちを見て取ることができるし、「天気」の理解が呪術から科学へと移行する『天気の子』のストーリーラインにしても、そうした啓蒙主義的な読みをすることは不可能ではない。

けれども、実際この映画を観た人のいったい何割が、そこから人新世や地球システム科学に関心を持っただろうか。『天気の子』の主題は、主人公・帆高が若き日の過ちを反省し、立派な科学者になるビルドゥングスロマンではない。むしろ観客が共感するのは、廃ビルの屋上にフラフラと迷い込み、一方的に超常的な力を授けられてしまう陽菜の儚さや、その代償として天上へと攫われてしまった彼女を、東京を滅ぼしてまで取り戻そうとする帆高のいささか大人げない情熱だろう。

ここで天気＝自然は、知識や技術として人間の外に客体化された存在ではなく、まるでマライタ島の祖先や土地のように、人間の中にダイレクトに入り込む、圧倒的な力として描かれている。一方的に向こうからやって来る得体の知れない力に貫かれながら、何とかその力と取引し生き延びる。それは、科学以前から人間が自然と向き合ってきた態度であり、また不安定な社会と荒ぶる自然に直面しつつある現在の私たちにとっても、理屈抜きに共感できるイメージなのである。

イェネンディ、あるいはアフリカ版『天気の子』

映画監督、人類学者ジャン・ルーシュの映画『イェネンディ——雨を降らせる人々』(1951)は、言わばアフリカ版『天気の子』である。場所はニジェール、ソンガイの村。ここでは年に1度の雨期の到来を前にして、村人総出で「イェネンディ」(新たな恵み)という雨乞いの儀礼を行う。儀礼の準備からクライマックス、そして実際の雨期の到来が20分あまりの時間に凝縮されたこの映画は、アフリカの一民族の記録という以上に、圧倒的な自然の中にある人間の生き様を描き出す、ある種の普遍性を持つ。

なぜこの儀礼が重要なのか。そのわけはサハラ砂漠の南端に広がるサヘル帯特有の気候にある。ソンガイ地域は極度の乾燥地帯であり、5月から12月にかけての乾期の間にはまったく雨が降らない。乾期の終わりを告げるのが嵐である。わずかの間に1年の降水量の大半が降り、普段は砂漠のような地面に一気に緑が蘇る。この恵みの雨は、しかしながら同時に家畜や人間を殺す恐ろしい雷を伴っている。雨はできるだけ多く降ってほしいが、雷で殺されるのは困る。これがソンガイの人々の切なる願いである(以下の記述は人類学者の箭内匡による『イェネンディ』の読解に多くを負っている。〔箭内匡　２０１４「ジャン・ルーシュの思想――「他者になる」ことの映画‐人類学」村尾静二他編『映像人類学――人類学の新しい実践へ』せりか書房、91‐１０８頁〕）。

映画は楽士たちの奏でる音楽に合わせて男女が踊る場面から始まる。単調な音楽はやがてテンポを上げ、トランス状態に陥った人々はやがて天上の神々に取り憑かれる。この儀礼の主要な部分は、自然が人格化されたこれらの神々と交渉し、次の雨期を平穏に到来させることだ。とくに丁重にもてなさなければならないのは雷の神ドンゴである。もし彼を怒らせようものなら、大勢の人間と家畜が雷に撃たれて死ぬだろう。人々はドンゴ（が憑依した人間）に食物やお金を捧げて何とか色よい約束を取り付けようとし、気分を良くしたドンゴは「今年は昨年よりもっと雨を多く、雷を少なくしてやるぞ」と約束する。やがて交渉が成立すると、神々は天に戻ってゆく。

次に行わなければならないのは、それがただの口約束ではないかどうかを占い、出た結果を確定することだ。地面に大地のモデルとなる溝を掘り、そこに天を象徴する壺に湛えられた水を流し込む。壺が傾けられる瞬間、男たちは真剣な面持ちで縁に指を掛け、女たちは心配げにその光景を見つめる。この水が流れ下るさまが、今年の雨と収穫の良し悪しの判断材料となる。ここでようやくそれまでの張り詰めた空気が溶け、よい結果が出れば人々は喜び合う。その後山羊と鶏が殺され、昨年ドンゴに灼かれた木の残骸に血が注がれる。この供犠は、ゆめゆめ占いの結果を違えないように、という神々への念押しである。

ソンガイの人々と自然の関わりを描いた『イェネンディ』は、一面で『天気の子』と似たところもある。たとえば人間に憑依した神々と人間が交渉する場面などは、「いかにも」な異文化であり、「晴れ女のまじない」と同様に非科学的なフィクションだと感じられるだろう。

ただしここで注目すべきは、ソンガイの人々は神々を一方的に恐れ、崇めているだけではないということだ。彼ら・彼女らは神々と交渉し、自分たちに少しでも有利な結果を引き出そうとする。神々が去って行った後には、今度は自分たちで地面の溝、銛、呪薬、山羊、鶏などから構成される装置を組み上げ、その言葉が真実かどうかを検証する「実験」を行う。もちろん、神の意向を伺う際には動物を身代わりに立てる用心深さも忘れていない。

神の言葉が最悪の占いの結果によって裏切られる可能性は常に存在する。幸いなことに映画の中では、「雨を多く、雷を少なくする」というドンゴの約束が、占いの結果と合致した。けれども、絶大な力を持つ神はまた、地上の人間をもてあそぶ絶対権力者である。神の言葉を疑いつつ交渉する人々は、不確定な世界の中で、少しでも確実なものをつかみ取ろうとあがいている。

ルーシュが描くイェネンディ儀礼は、「神や怪物など訳の分からぬものを一方的に信じている非合理的な人々」のような未開社会に対する偏見を揺さぶるものがある。なにしろ、地上に降臨した神々を恐れ崇め奉る人々が、次の瞬間には自分たちなりのやり方で神の領域を理解し、検証しようとしているのだ。雨乞いの儀礼にある種の合理性が含まれているのであれば、十把一絡げに野蛮な迷信と片付けるわけにはいかない。

こうした異質な合理性に直面した20世紀の人類学は、それに「文化」の語を与えてきた。文化相対主義の名前で知られるこの立場は、雨乞いのような一見して意味のない儀礼を、文化・社会的な有効性を持った行為として位置づける。科学的に見れば雨乞い自体に雨を降らせる力はないとしても、儀礼を行うことで不安定な環境で生きる共同体の結束が高まったり（機能主義）、あるいは人々が世界を理解する知的な枠組みがそこに表現されていたりする（構造主義）のであれば、それは自然とは区分される文化の領域において、雨乞いが意味を持つことを否定しないだろう。

インディアンや黒人を理性を持たず動物に近い人々と見なし、その奴隷化や収奪を正当化した植民地主義と人種主義に対抗する上で強力な武器となったのが、これらの人々が白人と同じく文化を持った人間であることを主張する文化相対主義であった。必ずしもすべての人類学者が明示的にこうした価値への反抗を示したわけではないが、この理論的・政治的ポジションは、人類学者に抑圧された人々の側に立ち、その権利を求めて戦うことを可能にさせるものであった。あらゆる人間へと自由と平等の理念を広げてきた近代の歴史の中で、人類学と文化相対主義が果たしてきた役割は決して軽いものではない。

他方、一見して不自然で非合理な他者を文化的に救済する、という設定にはそれ固有の問題があることも指摘されてきた。中でもよく知られているのは、近代人にとっての「文化」の境界をめぐる問いである。たとえば東アフリカ牧畜民の間でイニシエーションとして行われてきた女性器切除儀礼のような、私たちの道徳観に真っ向から衝突する他者の慣習に対しては、それをはたして文化として認めるべきか、それとも普遍的な人権の観点から介入すべきかという論争が、長年にわたり繰り返されてきた。同様に、20世紀後半のアメリカで起きたサイエンス・ウォーズと呼ばれる科学者と人類学者を含む人文学者の論争では、前者が後者の相対主義の行き過ぎを批判し、自然法則という普遍的な基盤を認めるべきだと主張した。

ただし、実際に儀礼を行う現地の人々は、自分たちの実践が「文化」として枠づけられること自体に困惑するであろう。言うまでもなく、ソンガイの人々が雨乞い儀礼をやる目的は、社会的統合や文化的表現ではなく、雨を降らせることである。つまり彼ら・彼女らにとっての雨乞い儀礼は、ある意味では人工降雨技術と同じく自然を操作する科学技術のようなものなのである。だがそれが「ソンガイ文化」として外部者に理解された瞬間に、その行為は現実に降り出す雨とは何ら関係のないこととして表象されてしまう。そうした他者の豊かな営みを「文化」という枠組みで保護する文化相対主義の構えは、同時にそれらの人々が真の自然については何も知らず、だからこそ西洋によって科学的事実を啓蒙されなければならないという主張を導きうる。これは、本当に他者を尊重していることになるだろうか。

自身もフランス出身の白人であるルーシュは、同僚たちが唱える文化相対主義が、他者とその世界の固有性をどこかで裏切っていることに気づいていた。ソンガイの人々にとっての神々や占いは、やがて来る雨季と同じくあくまで現実である。自らの身体を通じてこの経験を共有した彼は、映画がいつの間にか私たちにとってのフィクション＝他者のリアルと識別不能になるような、ささやかだが不遜な抵抗を行っている。『イェネンディ』冒頭のスタッフロールでは人間だけでなくドンゴをはじめとする神々が「出演者」として記載され、ラストシーンでは「予言通りに」澄み渡った青空に突如として雷を孕んだ真っ黒な雲が現れ、家や家畜の群れを飲み込んでゆく……。

未開社会から実験室へ

『イェネンディ』が制作された20世紀中葉は、文化相対主義を旗印とする近代人類学の全盛期であった。この時代において、映画という媒体を使って自己と他者、リアルとフィクションを乗り越えようとするルーシュの人類学的実験は、あくまで孤立していた。しかしその後、1970〜80年代にかけて、文化相対主義が前提とする自然/文化の区分自体を再考する動きが、人類学の内部でも生じてくる。

その中でももっとも広い影響力を持ったのが科学人類学と呼ばれる分野である。これは、アフリカやオセアニアなどの異文化を研究するこれまでの人類学に対し、近代社会内部での科学と科学者の営みを研究する人類学の一分野である。

しかしなぜ科学なのか。確かに科学も人類の営みであり、その意味で人類学の対象であると言えなくもない。それにしても端から見ればあまりにも唐突な転回だろう。なぜこの時期、一部の人類学者が前近代の未開から近代の最先端へと急旋回したのか。そして、なぜそれが人類学全体に波及するようなインパクトをもたらしたのか。
まず、人間が創り出す文化的差異が根ざす共通の地盤として、文化相対主義者たちは自然を位置づけてきた。だがその自然にアクセスするために、近代人は科学を用いなければならない。科学によって明らかになる仕方でしか、私たちは自然を認識できないのだ。

科学は人間の営みである以上、文化的な側面を持つ。今では日常語となっている「パラダイム」という言葉は、元々科学史家トーマス・クーンの主著『科学革命の構造』（トーマス・クーン　2023『科学革命の構造』、青木薫訳、みすず書房）において、人類学者が他民族で発見してきた「文化」と同じような世界観のラディカルな断絶が、たとえばコペルニクスを挟んだ中世の天動説と近世の地動説の間のパラダイム断絶という形で、西洋の歴史にも存在することを主張するために発明されたものだ。

1962年に原著が刊行されるやいなや、彼の議論は当時の学会に大きな反響を巻き起こした。その要因は、「普遍的な自然の真理への接近」のような単線的な進化のイメージで捉えられてきた前近代から近代への移行を、複数のパラダイムの差異として新たに概念化したことにある。「暗黒の」中世におけるプトレマイオス天文学と「啓蒙された」近代におけるコペルニクス天文学は、どちらも世界を合理的に説明する理論である。複数の文化の価値が相対的であるのと同じように、複数のパラダイムは本来はどちらが優れているとも劣っているとも言えない。

それでは、どうすれば「普遍的な自然の真理」のような絶対的基準に頼らずに、特定のパラダイムが他のパラダイムより確からしいことを説明できるのか。クーン以後の科学史・科学哲学は、理論やルールといった抽象的な領域ではなく、そうしたルールを実際に一人一人の科学者が学ぶ教育のプロセスこそが重要であると考えるようになっていった。つまり、科学の実際の営みにおいて重要なのは、いかに多くの理論を知っているかではなく、目の前にある実験装置が示す特定の出来事をどう解釈すべきか、ある式の文字は何を意味するのかといった直感的判断である。また、こうした直感的判断を行い、かつそれが複数人の間で共有可能であることは、彼ら・彼女らが科学者になるまでの教育で植え付けられた、理論以前の身体化された慣習によって可能になっている。

こう考えると、現実の科学の営みは何も高邁な精神的探求ではなく、むしろ料理のような日常的な制作行為に似ている。私たちが料理レシピに書かれた「塩少々」が何を意味するのかを経験的に理解し、いつの間にやら「それらしく」料理を作ることを学んでいるように、科学者も実験室での振る舞いを学ぶことで「それらしく」科学できるようになるのである。

料理との類似は、科学のパラダイムを成り立たせる新たな要素を気づかせてくれる。確かに私たちは親やネットの動画から基本的な調理方法を学び、やがてレシピ通りに再現したり自分なりにアレンジする能力を獲得する。だが料理は一度学んで終わりというものではない。これまでになかった調理器具やたまたまもらってきた食材といった新たな要素を前に試行錯誤することもあるし、失敗が新たなおいしさの発見に繋がることもある。そして、「誰もが簡単にできること」が往々にしてレシピの評価基準となる料理と較べたとき、たとえいくら失敗しても万に一つのチャンスをつかみ、これまでになかった新たなものを創造する革新性が、科学における根本的な価値として浮かび上がってくる。

ならば、科学が現に生み出されている場所に入り込み、そこで人間と自然物、人工物がどのように組み合わされ、また組み替えられているのかを直接観察することで、科学という営みについてもっと良く知ることができるのではないか。この新たな可能性を追求したのが、後に現代人類学の最重要人物となるブルーノ・ラトゥールである。だが1970年代初頭の彼は、神学の学位を取った後に人類学に関心を持ち、コートジボワールでの開発援助ボランティアから戻ってきたばかりの、いささか得体の知れない若者でしかなかった。

そんなラトゥールがいきなり世界一流の生物学研究所であるカリフォルニアのソーク研究所に入り込めたのは、所員の一人ロジェ・ギルマン博士が彼と同じブルゴーニュ地方の出身であり、さらに彼の父と同じ聖歌隊であったという偶然の事情による。ギルマン博士は1971年に甲状腺ホルモン放出ホルモン（TRH）の抽出に成功した人物であり、ラトゥールが滞在した75‐77年にはそのさらなる展開を目指す研究が行われていた。ラボの一員となった彼は、メンバーの日常的雑談から実験室での実験、データ分析と論文執筆に至るまで、ちょうど人類学者が一つの村に2年以上住みついてあらゆることを徹底的に明らかにするように、研究室のあらゆる活動を徹底的に調査することとなる。

ギルマン博士が研究に取りかかった当時、TRHはあくまで理論的仮説であり、彼とライバルのアンドリュー・ウィクター・シャリー博士のチームはその発見をめぐって激しいつばぜり合いを演じていた。甲状腺から放出される甲状腺ホルモンは、体内のほとんどの臓器に影響を与える重要なホルモンだが、それをさらに制御する仕組みが、脳の視床下部から放出されるTRHだ。もしその分泌が正常に行われなければ、さまざまな内科的疾患が引き起こされる。TRHを人工的に精製できれば、世界中の多くの患者が救われ、かつ製薬産業に巨大な利益がもたらされることは確実であった。

数十年の努力の果てにTRHを発見したギルマンは、その功績により1977年度ノーベル生理学・医学賞をシャリーと共同受賞することになる。このTRHの先取権をめぐる両者のすざまじい争いが、ニコラス・ウェイドによって書かれた『ノーベル賞の決闘』（ニコラス・ウェイド　1992『ノーベル賞の決闘』、丸山工作＋林泉訳、岩波書店）の主題である。ウェイドはこの過程を、隙あらば相手を出し抜こうとする功名心に狩られた2人の人間の争いを中心に捉えている。

ところがこの争いの一方の主役に取材したラトゥールとスティーヴ・ウールガーの民族誌『ラボラトリー・ライフ』（ブリュノ・ラトゥール＋スティーヴ・ウールガー　2021『ラボラトリー・ライフ――科学的事実の構築』、立石裕二＋森下翔監訳、ナカニシヤ出版）は、そうしたギラギラした人間たちの欲望をどこか遠いところから眺めている。偉人伝で描かれるような天才のひらめきや名誉欲に駆り立てられた人間たちのドラマを期待して『ラボラトリー・ライフ』を手に取った読者は、初っぱなから拍子抜けさせられるに違いない。ラトゥールが描く実験室は、まずもって実験動物、試験管、チューブ、化学薬品、分析機など、得体の知れないモノたちの巨大な塊である。『ノーベル賞の決闘』でその巨大な野望が余すところなく描き出されたギルマンも、ここでは立ち並ぶ試験管や巨大な分析装置の狭間を行き来する人影の一つに過ぎない。

ラトゥールが描き出す実験室は、人間だけではできていない。彼の非人間的な視点から見れば、人間と人間でないものの間に本質的な区別があるわけではない。ある存在は他の存在に影響を及ぼす能力がある限りにおいて、同じ「アクター」としてフラットに捉えられる。そして諸アクターのネットワークがより緊密に編み上げられ、その力能が増していくほど、世界はより堅固に構築されていく。

クーン以後の科学論は、科学の中核的な部分が科学者たちの「それらしい」振る舞いにあると考えた。ラトゥールは実験室における「それらしさ」は人間だけでは成り立たないということを強調する。真理＝力を備えた科学的知識を構築する上で必要なのは、目の前にある壊れやすい物質を扱い、そこから「よいデータ」を取得するための繊細な工夫の数々だ。もしサンプルに汚染があったりラベルを張り間違えたりすれば、その上に成り立つ研究全体の崩壊を招くだろう。

物質と向き合い、何とか飼い慣らそうとする科学者たちの努力を、ラトゥールは淡々と描く。まるで、雨乞いのために羊の血を枯れ木に注ぐソンガイの呪術師が、細心の注意を払って儀式の手順を厳守するように……。

かつて、雨を降らせるために羊の血を枯れ木に注ぐ呪術師を見た近代人は、「この人たちは自然と文化を区分できない未開な人々だ」と考えた。ところが近代人もまた、羊の脳をすりつぶし、そこから人間の身体機能を制御する薬を抽出しようとしている。そう、人間と世界が具体的に関わるレベルでは、科学者と呪術師、近代人と未開人はほとんど同じようなことをやっている。自然と文化をごちゃまぜにして世界をつくるという営みは、何もアフリカ人のような文化的他者に限ったことではなく、言ってみればあらゆる人間がやっていることなのだ。

ここで思い浮かぶのが、そうはいっても両者には歴然とした非対称性があるのではないかという疑問である。私たちがアフリカの呪術の有効性を真剣に受け取ることは難しいが、TRHはアフリカの病院でも処方されている。片方のネットワークはあくまでローカルに留まるのに対し、もう片方はどこでも当てはまる普遍性があるとされる。しかしラトゥールは、2つの違いはあくまでそれぞれのネットワークの大きさの違いであって、合理/非合理といった本質的な違いではないと考える。より多くの人々がより多くのサンプルを集め、より多くのトライアンドエラーを繰り返すことで、知識は次第により多くの状況での妥当性を帯びていく。たとえばヨーロッパで発達した博物学では、かつてマンドラゴラや一角獣も「実在」する生物として文献に記載されていた。その後大航海時代が始まり、世界中の土地が実際に探索されるようになってはじめてそうした生物たちは架空の存在に追いやられ、それとともに各地から集められた標本の比較・検討を通じた近代的な動植物の分類体系が作られていったのである。

それでも博物学はまだ学者の趣味であった。その遠い子孫たる現代生物学は、世界規模の資本主義経済と切っても切れない関係を取り結んでいる。研究活動は政府や大企業の利害とも絡みあい、その「投資」の一環として多量の資金が投入される。ギルマンはTRHの抽出のために屠殺場から数十万頭の羊の脳を入手し、切り取った視床下部から候補となる物質を一つひとつ洗い出すという徹底的な物量戦をとった。そのために必要な資金、設備、人員は膨大なものであり、どれをとってもアフリカの呪術師には手が届かない。

近代は前近代と同じように自然と文化が混ざり合ったハイブリッドなネットワークであるだけではない。前者は後者が思いも及ばぬスケールで2つの領域を混ぜ合わせ、新しい現実を次々と創造している。なぜそんなことが可能なのか。ラトゥールの答えは、近代人が自然と文化のつながりを意識の上で否認することによって、両者を混ぜ合わせることへの畏れを麻痺させているから、というものである。

雨乞いのために羊を殺す呪術師にとって羊は単なるモノではない。それはある意味で自分と同じ生命であり、自分の人格の延長である。そうした貴重な存在だからこそ、わずか1つの個体であっても殺すことに大きな意味が生まれる。ところがギルマンが視床下部ホルモンを抽出するために使った数十万頭の羊は、彼の人格とは何ら関わりのない、ただの研究材料である。ノーベル賞をとった彼が、その影で犠牲となった羊の怨霊に取り憑かれたなどという話は寡聞にして聞かない。

つまり近代人は、自然と文化を意識の上で切り離すことで、前者に切り分けられた領域に対し、未開人には想像もつかないような巨大で粗暴な取り扱いを可能にしたのである。近代の科学技術が未開の呪術より有効である理由は、近代人は自らの創り出すハイブリッドを否認し、そのことによって活動を際限なく増大させてきた結果に過ぎない。

近代文明は一般にそう思われているように自然を人間が利用・制御することを通じてではなく、自然と文化を区分する近代的慣習に基づいて、自然と文化が際限なくごちゃ混ぜにされた結果として出来上がったものだった。ラトゥールは、私たちは近代人であったことは一度もなく、人類はずっと「非近代」（ノンモダン）の広大な地平にいたのだと挑発的に主張する（ブルーノ・ラトゥール　2008『虚構の「近代」——科学人類学は警告する〔原題「われわれが近代であったことはない We Have Never Been Modern」〕』、川村久美子訳、新評論）。

地球を喰らう「ジャガー」

ラトゥールが立ち上げた非近代の視点は、当初の出発点である科学技術の人類学的研究を超えたインパクトを持っていた。

まずこの視点に立てば、近代社会が別様に見えてくる。近代において科学は専門家だけのものではない。私たちは科学技術の恩恵を受け、日々の暮らしの中で利用している。のみならず、たとえばビジネスで使われる「生存競争」が本来は生態学の用語であったように、社会的規範もまた実は科学（的に理解された自然）に根ざすことによって成り立っているのである。

これまで社会学や人類学は、こうした「科学文化」は実在と関わる本来の科学ではなく、あくまでその二次的な解釈であると考えてきた。だがロボットアニメに憧れて現実のロボットを開発するエンジニアのように、逆に非実在のフィクションが実在化する事例もいくらでもある。つまり近代社会においては、複数の文化が普遍的な科学（自然）の上に成り立つという見かけの下で、実際には両者の相互作用が不断に起こってきたのである。

その延長線上に、自らを素朴に人間だと信じている人間が、実はさまざまな人工的技術や科学的知識との関係によって成り立つサイボーグ的存在であるという主張も生まれてくる。たとえばＡＩの登場でこれまで人間固有とされてきた能力が機械的に代替可能なものとして捉え直されると同時に、「ＡＩにはできないこと」が人間の固有性の新たな定義となりつつある。近代において人間とは何かと問うことは、科学技術やそれによって客体化された自然像との関わりを抜きには考えられないのだ。このように人間を超えた領域から人間を考えるポストヒューマニズムの動向は、今日では欧米を中心とした一大潮流となっており、その中には人間を人間以下のアクター（動物、植物、微生物、道具、機械……）の関係性から捉え返す複数種（マルチスピーシーズ）人類学などの、21世紀に勃興した新たな人類学も位置づけられる。

他方でこれまで人類学の伝統的な対象であった異なる文化・社会に生きる人々も、非近代という視点を入れると別様に見えてくる。あらゆる人間は自然と文化のハイブリッドを作っているのだとすれば、他者と私たちの差異は、これまでそう思われてきたような共通の自然的基盤の上にある文化的差異ではなく、自然‐文化のネットワークの作られ方の差異である。この前提に立てば、儀礼によって雨を降らせる人々はありもしないことを信じ込んでいるのではなく、そのような言明がリアリティを持つような形で実際に世界を作り上げているのだということになる。

儀礼のあとで雨が降れば、2つのアクターはより強固に連結され、呪術のネットワークは真実味を増す。もし雨が降らなくても、呪術師は「呪薬が汚されていた」「儀礼の手順に間違いがあった」などの副次的理由を持ち出し、呪術そのものの無力性を疑うことはない。これは科学者が自らの失敗を「未知の要因」や「リソース不足」に求めても、科学そのものの実効性は絶対に疑わないことと同様である。

かつて人類学者たちは、近代化が進みアフリカ人が科学的思考を身に着けるようになれば、呪術はやがて消失するだろうと考えていた。現実には21世紀の今日でも、一般の人々のみならず高等教育を受けたエリートの間ですら呪術は盛んに行われており、消え去る気配はみじんもない。科学的啓蒙を経たはずの現代アフリカで呪術がなくならないように、科学と呪術は対立するどころか双子のような関係である。

ラトゥールの影響を受けた、もしくは彼と並行して独自に同じような考えを作り上げた人々は、自然／文化という近代の根底的な世界認識の枠組みを批判し、自然と文化が入り混じるハイブリッドとして捉え直すことで、自己と他者両方についての新しい視点を切り開いてきた。本書の主題に引きつければ、こうした一連の動きは、人間と自然が識別不能になる人新世的状況に対する人文・社会科学からの応答であると言える。

しかし、クルッツェンが提唱した人新世概念は、ある意味でこれら「文系」の議論よりさらに一枚上手である。何しろ人新世とは、人間と自然が識別不能になった現在の地球を、その人間が死に絶え地層となった地点から振り返った眺めである。人間的世界は、自然と文化が入り混じっているだけでない。その総体が、未知の「誰か」にとっての自然であるかもしれないのだ。ここに見られるのは、ラトゥールやマルチスピーシーズ人類学が前提とする自然‐文化のネットワーク自体が、さらに地球という惑星の歴史に生まれた、一瞬の泡でしかないという認識である。

それでは、人新世概念と同じレベルで、私たちにとっての自然‐文化のネットワークをさらにその〈外〉において思考するような人類学的思考はいかにして可能なのだろうか。ここで取りあげたいのが、人類学者エドゥアルド・ヴィヴェイロス＝デ＝カストロが南米アマゾン先住民の思考から導出した、「多自然主義」の概念である。

彼の議論は、南米各地に広く見られるある奇妙な神話から始まる。その神話では、たとえば人間の主人公がふとしたきっかけでジャガーの村に迷い込む。外では獣の姿をしているジャガーは、村に戻ると毛皮を脱ぎ、本来の姿である人間に戻る。ジャガー人間の暮らしは、家を建て、首長やシャーマンを持ち、料理をするなど人間と変わらない。

彼はジャガーと食卓を囲み、ジャガーの妻を娶る。ところがある日彼は気づいてしまう。彼が飲んでいた「ビール」は、なんと人間の血であったのだ！

ジャガーが獲物をむさぼり食うとき、流れる血は「ジャガーのビール」であるとインディオは言う。人間にとっての自然（血）は、ジャガーにとっては文化（ビール）である。南米先住民の宇宙観において何が自然で何が文化かは、近代人が考えるような普遍的な事実ではなく、人間とジャガー、それぞれの身体が創り出す視点によって異なっている（エドゥアルド・ヴィヴェイロス＝デ＝カストロ　２０１６『食人の形而上学――ポスト構造主義人類学への道』、檜垣立哉＋山崎吾郎訳、洛北出版）。人間を狩るネコ科の大型獣は人間にとってジャガーであるが、人間もまた人間に狩られる他の存在にとってのジャガーである。

ヴィヴェイロス＝デ＝カストロの影響を受け、南米エクアドルに住む先住民ルナの元で調査したエドゥアルド・コーンは、人々が語る「牙を失ったジャガー」の運命についての興味深い逸話を記している（エドゥアルド・コーン　２０１６『森は考える――人間的なるものを超えた人類学』、奥野克巳＋近藤宏監訳、亜紀書房、２１０‐２１１頁）。コーンによれば、ジャングルにいる大型のリクガメを襲ったジャガーが、時折堅い甲羅に牙を砕かれてしまうことがあるのだという。牙を失ったジャガーは狩りができず、たちまち飢え死にしてしまう。するとと腐肉を好むリクガメが、甲羅に牙が刺さったままでやってきて、かつての捕食者の肉を喰らい始める。このとき、ジャガーではなくリクガメが、現地語で「捕食者」を意味する「プーマ」という語で呼ばれる。この事態を解釈するならば、「ジャガー＝プーマ」とは特定の生物種ではなく森の食物連鎖のチャンピオンの称号であり、他者に対しジャガーとして振る舞うことを可能にする身体的装備（牙、爪、毛皮等々）の名前なのである。リクガメの甲羅に牙がブスッと突き刺さったとき、それまでネコ科の猛獣が所持していた森のチャンピオンベルトは、新たなチャンピオンの手に奪われたのだ。

南米先住民たちの思考では、個々の生物種は異なった身体的装備を持ち、その能力によって他の種との間での捕食／被捕食の関係に置かれる。ところが驚くべきことに、これら生物種の中にいるのは同じ「人」に他ならない。動物や植物など世界のあらゆる存在は、それぞれの外見を纏った「人」でありうる。その人間性は、普段は個々の身体の違い（毛皮を纏うもの、羽があるもの、根と葉を持つもの……）によって見えなくなっているが、シャーマンのように普段から自らの種と他の種の視点を行き来する能力を備えた特別な人物、あるいは神話で語られるような特別な瞬間に垣間見られることがある。

このように南米先住民の世界では、人間性と文化こそが世界の普遍的な基盤であり、複数の身体と自然がその上に派生する。これは単一の自然の上に複数の文化という世界観の上に成り立つ、近代世界の多文化主義（マルチカルチュラリズム）の真逆である。このもう一つの世界観をヴィヴェイロス＝デ＝カストロは多自然主義（マルチナチュラリズム）と名付ける。

「多自然主義」はただの言葉遊びではない。先住民と地球から見れば、世界中に拡大した西洋文明は、各地で先住民を虐殺・奴隷化し、自然を収奪してきた「ジャガー」に他ならないだろう。今や、地球を喰らい尽くしてきた近代という「ジャガー」も、牙が抜け落ち弱り始めている。そして私たちはいまある世界の終わり、自分たちにとって「文化」であるものが、別の何か途方もないものに喰らわれ、自然＝廃墟となる不吉な未来に取り憑かれている。

ところが、ヴィヴェイロス＝デ＝カストロによれば、世界の終わりは南米の先住民たちの身にとうの昔に起こった出来事である。１４９２年にコロンブスが新大陸を発見したとき、先住民たちにとって当たり前であった世界の全面崩壊が始まったのだ。いま生きている先住民たちは、その恐るべき崩壊をなぜか生き延びてしまった人々である。近代文明という特定の世界の終わりだけを問題視するのは、自民族中心主義に他ならない(Déborah Danowski and Eduardo Viveiros=de=Castro 2016 The Ends of the World, Translated by Rodrigo Guimaraes Nunes, Polity.)。

現在の気候危機とは、５００年前には「ジャガー」として先住民と自然を狩り立てた側が、今度は獲物として別の何かに狩られる側になったということなのだ。このような時代を背景としたとき、先住民とは劣った「動物」でも、はたまた同じ「人間」でもなく、むしろ同時代人にして未来人である。それまでの世界が一変してしまうような大破局を経験し、かつその惨禍からなぜか生き延びてしまった人々。そのいくつもの「世界の終わり」の経験は、これから訪れる人新世の破局において新たな意味を持つはずだ。彼は、このように主張する。

人間なるものの起源へ

科学的概念としての人新世と『天気の子』の対比から始まった本章は、そこから自然をめぐる現代の人類学的思考を巡ってきた。この世界は、自然という普遍的な基盤の上に複数の文化が派生しているのではなく、いくつもの自然と文化の絡み合いからなる。ルーシュが映画という形で鮮やかに表現したように、かつて未開と呼ばれた人々は、その絡み合いの危険性を神や精霊に対する畏れとして感受し、表現してきた。ところが自然から切り離された近代人は、畏れなどおかまいなく神聖な山で鉱山を開発したり、何十万頭の動物を実験材料として使いつぶすことができる。ラトゥールによれば、現在の文明の発達とは、こうして自然に対する文化の一方的収奪が際限なく加速していった結果に他ならない。

その先に現れた気候危機と人新世は、人類文明の総体が地層になる未来を暗示している。自らを自然から切り離された「人間」として誇る生き物は、荒ぶる地球というジャガーに「喰われ」、別の何かになる。その何かとは、すべてが滅びたあとの化石かもしれないが、あるいはヴィヴェイロス＝デ＝カストロが示唆するような「ネオ未開人」かもしれない。こうした、人新世におけるこれまでの人間の滅亡と新たな人間の創出を追うことが、本書のこれからの道のりとなる。

ただしその前に一つ考えておかなければならないことがある。それは、なぜ人間はかりそめにも自らを自然から切り離されたものと考え、かつ科学技術の開発やインフラの整備といった形で両者の分離を現実に実現してしまったのか、という問いである。学校で学ぶ社会契約論からフランス革命、世界人権宣言に至る人間解放の歴史は、人間が自らを束縛する人間以上の存在（神、教会、国家）を打ち倒し、人間の権利を確立していった過程として描かれる。けれども、ある存在が人間へと上昇したとき、同時に人間ならざる領域へと落ち込む者がいる。人間を超えるものに目を向ける前に、いまある人間なるものがどのようにして出現したのか、その血にまみれた原風景を辿る必要がある。

近代文明は大量の資源を自然から収奪し、生態学的に無謀な経済成長を続けてきた。それは単に物質としての自然の破壊に留まらず、かつて自らや自らの祖先と強く結びついていた（ある意味で「人間」であった）ものを殺し、自己の利益のために役立てるという、自然観の根本的な変容を意味していた。次章では600年前の日本列島へと一気に移動し、そこで私たちの祖先がいかにして自然から自らを切り離したのか、その「文明史的転換点」の現場へと降り立とう。

第4章

『もののけ姫』を読む

2つの文明史的転換期

私たちが生きる近代とはどういう時代か。簡単には答えられない問いだが、近代の主役が「人間」であることは疑いない。神が世界の中心であった中世には、現世での生は最後の審判までの中間的な時間に過ぎず、その後は天国または地獄が待っていた。ところがルネサンス以降、人間が神に代わって世界の中心となるとともに、現世での生をより自由で幸福にするという発想が初めて可能になる。さらに進化論の登場によって人間と動物の絶対的区分がなくなった後では、こうした現世的進歩は人間の特別性を証す新たな物語という意味合いを持つようになる。他の動物のように自然状態に留まるのではなく、積極的に自らを高め進歩するところに、人間がなおも特別な動物たる理由がある。人間は人間であるために、常に自らを自然から解放する必要があるのだ。

20世紀を特徴づける資本主義と共産主義の対立も、結局のところは産業革命がもたらした巨大な生産力をうまく活用し、人間をより自由で幸福にするための方法の優劣をめぐる争いだと言える。一時は冷戦にまで発展した両者の対立は、1989年のベルリンの壁の崩壊と1991年のソビエト連邦崩壊により前者の勝利に終わり、仮想敵を失った資本主義陣営からはグローバル化と民主主義こそが人類全体の幸福への道であるという主張が喧伝されるようになる。

他方で冷戦が崩壊したことで、それまで人々の脳裏に付きまとっていた東西両陣営の核戦争の可能性が消え去り、代わりにそうした政治体制の対立の背後にある自然という領域が、新たな人類全体の脅威として一気に注目されるようになった。1992年にリオデジャネイロで開催された地球サミットに始まり、1997年には二酸化炭素削減の国際目標を初めて定めた京都議定書が締結されるなど、現在に続く国際的な環境問題への取り組みの多くは、冷戦後のこの時期に端を発している。宮崎駿監督の映画『もののけ姫』が公開された1997年は、人間とその幸福のために自然を利用する時代から、自然の持続可能性のために人間活動を制限する時代へという、これまでの自然と人間の関係が大きく入れ替わる一つの文明史的転換期の始まりであった。

『もののけ姫』の舞台は14～15世紀、室町時代の日本である。大河ドラマでおなじみの戦国時代は主に16世紀の出来事であり、源平合戦や鎌倉幕府の成立は12～13世紀。ちょうど両者の狭間にある一番マイナーな時代が14～15世紀である。宮崎駿はよりにもよって人気のヒーローもこれといった出来事もない、地味な時代を取りあげたのだ。

ところが歴史学にとって14世紀日本という時空間の持つ重要性はきわめて大きなものである。東洋史学者・内藤湖南は1921年の講演「応仁の乱に就て」の中で、「現在の日本の起源は応仁の乱（1467）にあり、それ以前の日本はほとんど外国と同じだ」という挑発的な主張を行った。これは暴論に思えるが、彼のテーゼは実のところ現在でも日本中世史を論じる際の基本的な前提となっている。

7世紀に「日本」という国号を持つ国家が成立して以来、政治体制は変わっても日本という自己同一性は続いてきたと、私たちは何となく考えている。だが実際に歴史家が過去に触れたとき、14世紀を境に急に「これが日本か？」と思わせられる、直感的な理解を拒む異世界に迷い込んでしまう。登場するのはまぎれもなく私たちの祖先であるにもかかわらず、そこに広がる光景はドラマや時代小説でおなじみの「昔々」ではなく、むしろ人類学者がインドやメラネシアで出会うような他者の世界である。

中世史家の網野善彦は、この14世紀を境とした歴史の転換を「文明史的転換期」と呼んでいる。網野によれば、鎌倉幕府の崩壊から南北朝の動乱に至る政治的混乱の中で、寺社や公家などの既存の権威が失墜し下克上の気風が生まれる。それと並行して、呪術的な力への畏怖を多大に残した古代的な社会のあり方もまた大きく転換し、人々の自然や神仏に対する感性が根本的に変わってしまったという。それまで神聖視されていた山や海が開発の対象となり、それらと密接に結びついた人々の一部は宗教性を失った職人や漁師などの職能者となり、一部は卑賤視されるようになっていく（網野善彦　2005『日本の歴史をよみなおす（全）』筑摩書房）。

14世紀と20世紀末の文明史的転換期は、600年の時間を挟んでちょうど鏡映しの関係にある。かたや人間が自然から切り離され、かたやそうして拡大した人間的世界が、再び自然と向き合わざるを得なくなる。この人間と自然の関係をめぐる2つの文明史的転換期を重ね合わせる『もののけ姫』は、あらゆる歴史を貫いて流れる根源的な力を14世紀という天窓を通じて「いま・ここ」へと露わにする、私たちの時代のアレゴリーなのである。

14世紀の星座

『もののけ姫』の制作に当たって宮崎が意識していた黒澤明監督『七人の侍』は、武器を持った支配階級である侍と搾取される労働者である農民という構図の上に成り立っている。ところがこうした支配と被支配の関係が身分制度として固定されるのは、刀狩りによって権力の源泉たる暴力が武士という特定の集団に囲い込まれて以降、17〜18世紀という近世の事象に過ぎない。これでは持つ者と持たざる者は逆転可能であり、形骸化した過去の権威は新たな実力に取って代わられる中世という時代を、正面から描ききることはできない。『もののけ姫』の制作にあたって宮崎が掲げたコンセプトは「時代劇に通常登場する武士、領主、農民はほとんど顔を出さ」ず、代わりに歴史の表舞台には姿を見せない人々や、荒ぶる山の神々を主人公として描くことであった（宮崎駿２００８『折り返し点――１９９７〜２００８』岩波書店）。

中世とはまさに、これまで隠れていた有象無象の力が歴史の表舞台に登場し始めた時代である。物語は故郷を追われた主人公アシタカの旅とともに進むが、彼が行く先々で出会う人々、見る光景は、中世という闇夜に現れた（かもしれない）さまざまな星々であり、その旅路はある認識をもたらす星座となる。

映画は東北地方のどこかにあるエミシの村から始まる。初期大和朝廷の文献に東方の異民族として登場するエミシは、度重なる平定を受けて9世紀頃には消滅したとされる。つまりこの村は、現在の記録には残っていないが、もしかするとあり得たかもしれない歴史の襞のような存在なのだ。ここで人々は支配者の徴税作物である稲ではなくヒエや粟などの自給作物をつくっており、また化け物と化したイノシシ神との対話や、祟りを受けたアシタカの処遇をめぐる話し合いの場面に見られるように、年長男性だけではなく呪術的な力を持つ女性が村のなかで強い権威を持っている。

こうした人々の暮らしは、人類学的には狩猟採集および初期農耕社会と呼ばれる段階に当たる。この社会では、たとえば縄文時代がそうであったように、灌漑や水田など自然環境の大規模な改変を行わず、狩りや採集活動、焼畑農耕などの生業を通じた自然との直接的な関わりがある。また、政治的には平等主義であることが多く、たとえ政治的・宗教的権威が発生しても、それらを1人の人物が体現する王のような存在にはならない。映画の中でのエミシの村の描写は、こうした特徴の多くに当てはまる。

主人公アシタカは、タタリ神と化したナゴの守の呪いを引き受けたことにより、やむなく村を追放される。彼が向かったのはイノシシ神がやってきた西方である。その道中ほんの一瞬だけ「農民」と「侍」が登場する。季節は5~6月頃なのか、まだ緑の稲穂が生い茂る水田のあぜ道を、馬や徒歩の侍たちが走ってくる。略奪にいそしむ雑兵は両手に色とりどりの着物を抱え、逃げ惑う人々を追い回している。正規軍同士の合戦ではなく、盗賊と紙一重の連中による略奪目的の襲撃のようだ。奪う方も奪われる方も命がけであり、同時にどこか無様で滑稽に見えるこの場面は、稲作農耕を基盤とした「普通」の世界に対する『もののけ姫』の視点を体現している。

彼はここで侍に追われていた奇妙な風体の男を助ける。後に再会した男は自らをジコ坊と名乗り、アシタカにシシ神の森の存在を明かす。このジコ坊には現実のモデルがいる。14世紀初頭の絵巻物『融通念仏縁起絵巻』に描かれた、長い棒を持って高下駄を履き、派手な柄の服を着た3人の異様な風体の男たちだ。彼らは鎌倉末期から南北朝にかけ、古代的秩序の崩壊とともに現れた「異形異類」「悪党」と呼ばれる新しい勢力である（網野善彦　1986『異形の王権』平凡社）。この時代を代表する悪党・楠木正成は、当時の経済的中心地であった畿内の河川交通路を一手に抑えた武装商人であり、違法、脱法何でもアリのビジネスを展開するとともに、硬直化した鎌倉幕府を巧みな戦術で翻弄し、後醍醐天皇による倒幕の立役者となったことで知られている。

この異形異類と呼ばれた人々の背後には、ある種の呪術的な力という形をとった、自然そのものへの畏れがあった。たとえばジコ坊は山伏の格好をしているが、常人が立ち入ることができない他界である山を活動領域とする宗教的職能者は、しばしば鉱山開発や丹薬製造などの先端技術に携わり、里の住民から畏怖されてきた。この時代には、異なる共同体間の取引を通じて貨幣を増殖させる商人や、地中を縦横に掘り金属を精錬する技術者は、人間離れした呪術師であると未だ見なされていたのだ。

農業という伝統的な支配基盤を持った鎌倉武士と京都の朝廷にとって、新たな技術で自然の内奥へと直接アクセスし、そこから富を生み出す人々は、自分たちの既得権をバイパスする忌々しい反逆者であるだけでなく、癩病患者や乞食のような「あるべき人間から外れた人間」＝非人との近縁性さえ感じさせる、恐るべき存在であった。これらの勢力を初めて組織化し、その力を生かすことで権力の奪取に成功した後醍醐天皇は、武家・公家双方の既得権を徹底的に解体し、あらゆる権力を天皇一人に集約することを理念とする建武の新政という、日本史上まれに見る独裁体制を築くことになる。

ジコ坊の先にタタラ場が現れることはこの時代の必然であった。ここの人々は循環的な自然の営みに基盤を置く農業ではなく、山という特異な環境の中で、大地に眠る鉱石を掘り起こし鉄を作るという非農業的な生業に従事しており、食物はすべて工業製品と引き換えに輸入されている。また売り飛ばされた女性や癩病患者といった普通の社会では差別・抑圧されたマイノリティも、タタラ場の中ではそれぞれ役割を持ち、男性と対等に振る舞っている。女たちがタタラ場の支配を狙う大名の使者を嘲笑するシーンからは、ここが外部権力の介入をはねのける、一種の独立国であることが示されている。

こうした一般社会の権力や秩序が通用しない特殊な場のことをアジール（聖域）という。中世日本においてアジールは山や森、寺社、市場といった形で存在したが、これらはいずれも世俗の権力とは異なる自然や神仏の力が及ぶ領域であると考えられており、既存の身分秩序に抗う異形異類、悪党のような人々とも本質的に近しい関係にあった。『もののけ姫』のタタラ場もまた、さまざまな出自の人々が過去の縁から切断され、平等に生きることが許されるアジールである。

さらに歴史学は、こうした超越的な存在が庇護するアジールにおいてこそ、初めて共同体的な規制から自由な生産活動や商取引が可能になったことを明らかにしている。戦国末期から近世にかけて興隆した代表的な商業都市として有名な堺は、タタラ場と同じく四方を堀に囲まれた要塞であり、１５６９年に信長に屈服するまでは独自の法と軍事力を持つ独立国家であった。古代から続く自然や神々への畏れをまとったアジールの中でこそ、貨幣経済や鉱山開発のような、自然を合理的に認識し人間にとっての利用すべき資源と見なす態度が、逆説的にも育っていたのである。

20世紀との重ね合わせ

エミシの村、農村、悪党、そしてタタラ場はすべて14世紀日本に存在した（かもしれない）歴史の星々であり、それらを巡るアシタカの旅は、古代の下で近世の胎動が始ま

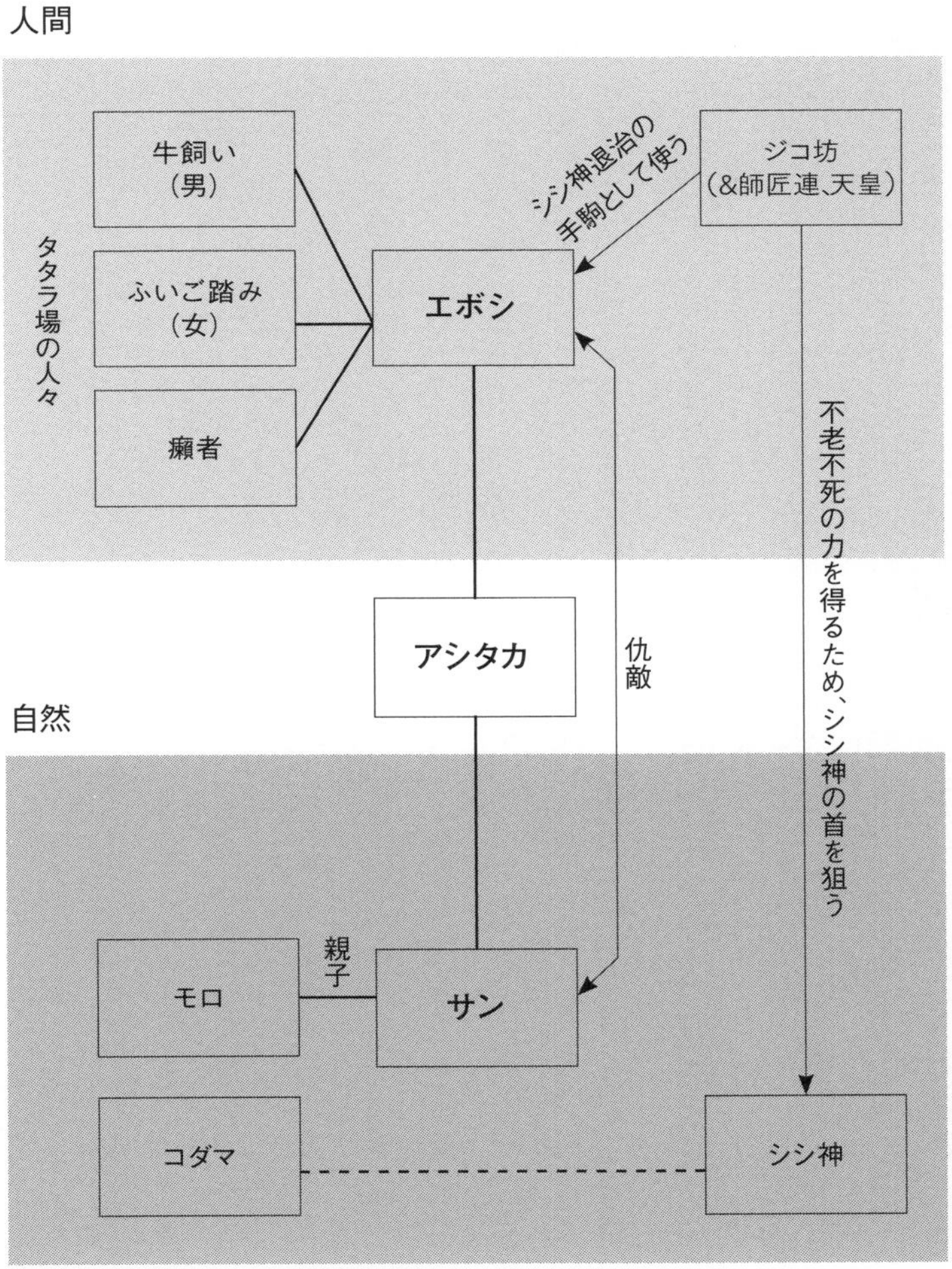
人間
牛飼い
（男）
ふいご踏み
（女）
癩者
タタラ場の人々
エボシ
シシ神退治の
手駒として使う
ジコ坊
（&師匠連、天皇）
不老不死の力を得るため、シシ神の首を狙う
アシタカ
仇敵
自然
モロ
親子
サン
コダマ
シシ神

『もののけ姫』相関図

りつつある中世という時代の複雑さ、豊かさを教えてくれる。だがここで描かれた14世紀が歴史上の一地点ではなく、他ならぬ現在の起源であるという認識を念頭に置けば、これらの表現が持つ意味は史実以上の何かがあるだろう。

縄文時代そのままの狩猟採集や焼畑農耕を行い、国家のような階層的秩序を持たないエミシたちは、人類史における「未開」の段階にあえて留まり続ける人々である。つまりアシタカとは、14世紀日本とも現代日本とも等しく断絶した、文明以前の「大昔」からやってきた他者にほかならない。

これに対し、途中で一瞬だけ描かれる稲作農村の一面に広がる水田の景観は、それを組織的に開墾し維持管理する集団と、そうした集団に根を張りつつ余剰生産を徴税する国家権力の存在を証す。14世紀日本の平均的水準は、自然を飼い慣らし制御可能にした農業文明という、より新たな段階に達している。私たちの歴史観の中では、この段階こそが（時代劇で繰り返し描かれるように）自らとつながる「昔」として意識されている。

ところが最後に登場し物語の主要な舞台となるタタラ場の描写は、明らかに同時代の水準を逸脱している。そびえ立つ溶鉱炉は実際のたたら製鉄の何十倍ものスケールで描かれ、まるで巨大なコンビナートのようであるし、タタラ場が畑を持たず、鉄を売った代金で米を買っている状況も、食糧自給率が30％台の工業国家である戦後日本の姿をダイレクトに想起させる。『もののけ姫』のタタラ場は、史実がそうであるような戦国末期から江戸時代にかけての商業都市や鉱山都市の直接の祖先という以上に、むしろ18世紀末イギリスの産業革命に端を発し、この列島の新たな段階を画することとなった工業文明、すなわち私たちの「現在」を体現しているのだ。

そうすると、タタラ場で半殺しにされた神がエミシの村に祟りをもたらすという物語には現代的なアクチュアリティがある。チッソのアセトアルデヒド製造工場から排出された有害な有機水銀が、不知火海の生態系とそこに生きる人々を取り返しがつかないほど破壊してしまった水俣病、安全基準が意図的に下げられた化学工場から有毒ガスが発生し、数千人が死亡したインドのボパール化学工場事故。より多くの生産、より多くの利潤を求める工業文明は、企業による経済的後進地域への汚染の押しつけ、いわゆる公害の輸出と呼ばれる事態をしばしば起こし、最も自然に近い人々の暮らしを破壊してきた。

アシタカは環境汚染の理不尽な犠牲者であり、自分の運命を変えた因果の糸を追い、呪いの源たる先進工業国の中核へと辿り着いた先住民である。そんな彼と対になるサンもまた、彼女の育ての親であるモロによれば「森を侵した人間が、我が牙を逃れる為に投げてよこした赤子」であり、両者は、近代工業文明がその幸福を追求した結果、図らずも「人間以下」に貶められた存在であるという共通点を持つ。

歴史上実在したアジールは、人間を超えた自然や神仏の超越的な力によって世俗の権力から守られた領域であった。こうした領域は、社会の発展に伴う自然の神性の低下とともに次第に消失し、それと密接な関わりを持ってきた人々も「聖」から「賤」へと転落した。

ところがエボシ御前が作り上げたアジールは、歴史上実在したアジールとは反対に、自然から自らを切り離すことによって成り立っている。タタラ場に向かうアシタカが目にしたのは、見渡す限り切り尽くされた森と茶色く濁る川であった。タタラ場のリーダーであるエボシ御前は「オキテもタタリもへっちゃら」（彼女を評する女たちの台詞）であり、巨大な獣の姿をした神々を銃火器で殺戮し、その土地に眠る地下資源を徹底的に収奪する。

なぜ彼女は自然に対しこんなに暴力的に振る舞えるのか。彼女や彼女に従う人々が金銭欲や権力欲に取り憑かれているわけではない。事実はむしろ反対だ。実はエボシには、彼女自身がかつて奴隷として倭寇に売られ、副官のゴンザとともに自分を買った頭領を殺して逃げてきたという過去がある。だからこそ彼女は、女性や癩病者など既存の社会から排除され、虐げられた人々が、人間として等しく生きられる世の中の実現を生涯の

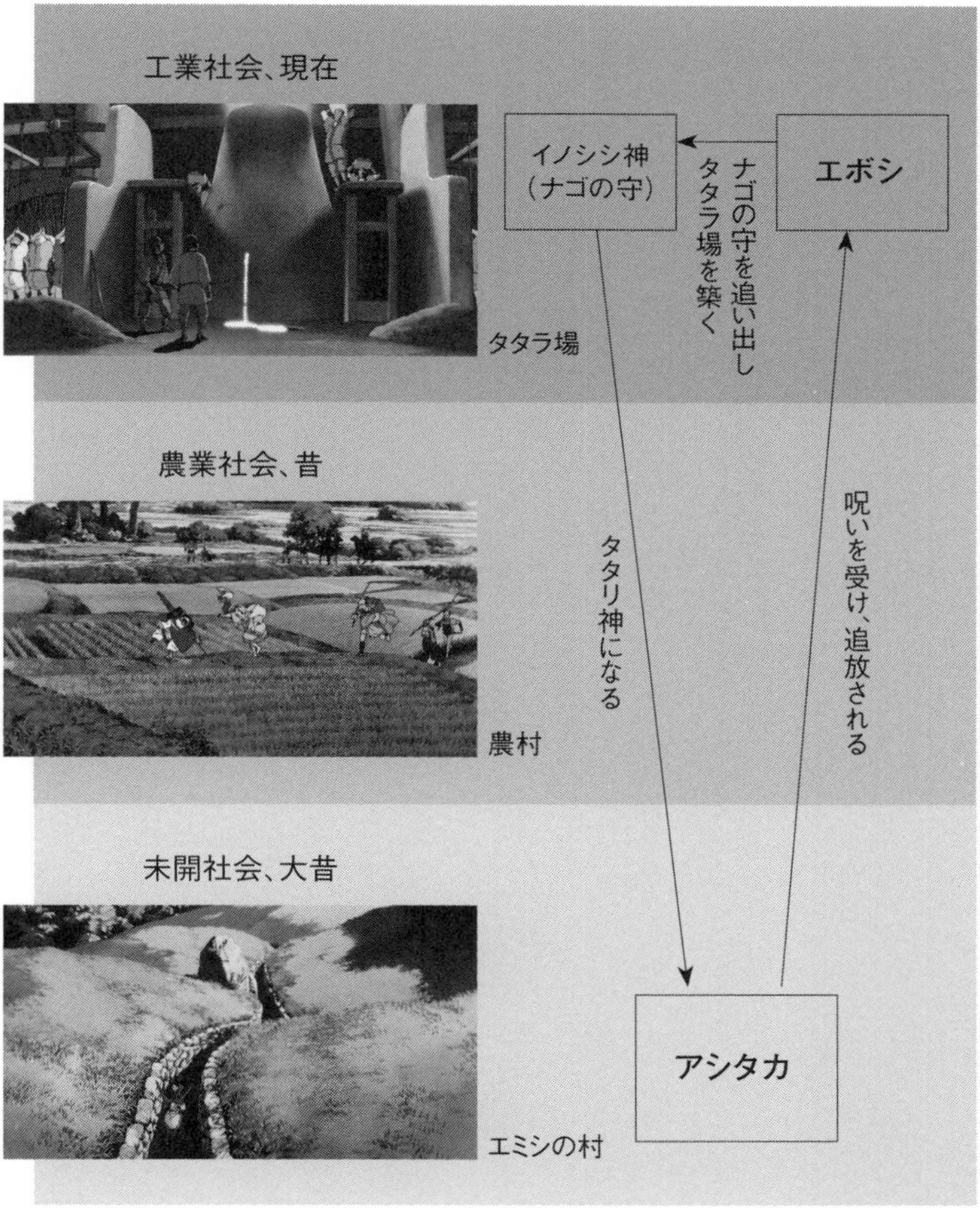

アシタカの旅

宮崎駿『もののけ姫』より（©1997 Hayao Miyazaki/Studio Ghibli, ND）

目標としている。だが男性中心の抑圧的な秩序の中で人間として生きようとするマイノリティは、それにふさわしい実力が伴わなければあっという間に潰されてしまうだろう。人間解放という崇高な目標を前にして、鉄や銃といった当時の最先端技術で武装し、またそれらの生産のために自然環境を一方的に利用することはすべて正当化されるのだ。

エボシとタタラ場は、「人間解放」を謳った20世紀の革命の光と影を想起させる。労働者・農民という被抑圧階級の解放を目指した共産主義革命によって1922年に成立した世界初の社会主義国家・ソビエト連邦は、西欧列強に較べて工業化が遅れたロシアという後進国において、党の強力なリーダーシップのもと農業の集団化と重工業化を推進し、貧窮にあえいでいた一般民衆の生活水準を大きく向上させた。しかしその背後では過剰な灌漑によるアラル海の塩害や、一説にはチェルノブイリ以上の放射能が放出されたと言われるウラル核惨事など、資本主義国以上の環境破壊が進行していた。自然から神性を剥奪し、人間によって一方的に利用される資源へと変えていくことの帰結が、ここには明瞭に現れている。

近代における人間の解放はまた、人間でないものを共同体の外へ締め出すことと並行していた。なぜタタラ場では男性と女性が対等なのか？ それは、ここでは鉄や銃といった極めて高い付加価値を持つ工業製品を生産しており、かつその生産には男性（牛飼い）

も女性（ふいご踏み）も等しく貢献しているからだ。

このことは20世紀が達成してきた輝かしい自由と権利の拡大の背面にある、血塗られた歴史を思い起こさせる。多くの国で女性参政権は第一次世界大戦を契機として実現した。なぜなら一国の生産力を総動員する総力戦においては、兵士となった男性の代わりに女性が工場労働者となり、銃や戦車を生産したからだ。このように自然の素材を人工的なモノに変える「生産」という行為こそが、近代社会において人が「人間」として認められる基準であり続けてきた。すなわちここで排除されるのは生産に参与できない人——子供、老人、障害者——であり、また生殖、養育、家事、介護などの人間の身体的自然を維持・管理するケアワークも、新たな価値を生まない非生産的労働として、私的領域の暗がりに押し込められる（そういえばタタラ場には子供も老人もおらず、女たちは家事の代わりにふいごを踏んでいた）。

さらに科学技術は、戦場で人を殺す能力でもジェンダー平等を実現する。軽量の新式銃は、鎧を着た男性の侍と女性が対等に戦うことを目的として、タタラ場の非人たちが開発したものだ。女性は銃後を支えるだけでなく、男性と同じように最前線に立ち、共同体のために血を流す一級市民となることができる。

ところがその銃口が向けられる先は、鎧を着た抑圧者だけではない。人間と同じように言語を解する動物神は住処を追い払われ、やがて言葉を失い完全な動物状態へと退行する。前章で見たように、南米先住民にとって人間と動物は元々同じく文化を持った「人間」であり、後天的に捕食–被捕食関係によって特徴づけられる動物と人間へと分断された。同様に、近代人は自然を資源化する代償として、自然を人間に対する敵へと変貌させてしまったのである。

声を失った自然に寄り添い、その代弁者であろうとする者は、オオカミに育てられた人間の子供であるサンだけだ。

再び現れる自然

人類史の過去からやってきた未開人アシタカは、私たちの現在たる工業文明へと辿り着いた。それでは、その先にある未来を『もののけ姫』はどう描き出すのだろうか。

物語の焦点となるのは、エボシ御前に率いられたタタラ場の人々と、サンやモロら森の神々の対立である。すでに幾多の神々を殺してきたタタラ場の人々は、次の開発の矛先をシシ神の森へと向ける。アシタカは両者の間を行き来する中で、タタラ場の人々が人間の自由のために森を殺すことを止めさせ、「森とタタラ場、2つとも生きる道」を探ろうとする。

しかし『もののけ姫』で描かれる自然は、エミシやサンが生きているような人間と一体化した自然、あるいはエボシやタタラ場の人々にとってそうであるような人間と切り離された敵対的な自然だけではない。まず、物語の中心にいるシシ神は、「命を与え、また奪う」両義的な存在であり、その行動はしばしば敵味方を超越する。そして、最後にはエボシによってなすがままに殺される。子供の頃に『もののけ姫』を見たことがある人に感想を聞くと、「怖かった」「よく分からなかった」という言葉をよく聞くが、中でもシシ神のキャラクターはその最たるものだ。人間や人間のように対立し葛藤する動物神とは明らかにレベルが違う、何を考えているかよく分からない不気味な存在として描かれている。

物語中盤、エボシと差し違えようとしたサンの刃を受け止めて重傷を負ったアシタカは、彼女によってシシ神の森へと運ばれ、息を吹き返す。横たわるアシタカの元にシシ神が現れるシーンでは、シシ神が踏んだ地面から一瞬のうちに草木が芽吹き枯れてゆく。無定型な線に一瞬の形が吹き込まれたと思うと、次の瞬間には消えてゆくさまは、まさにアニメーションとアニミズムという言葉の根幹にある「アニマ」（魂）にふさわしく、生命の蠢きそのものが画面一杯にあふれ出しているかのようだ。シシ神は植物や動物、人間といった目に見える個体の向こうにある、抽象的な「生命」を体現する存在なのだ。

この究極的な力を求めるのが、黒幕である師匠連と呼ばれる謎の組織と天朝（天皇）である。エボシに銃の製造技術を供与したのは彼らの仕業であり、あらゆる虐げられた人間の解放を目的とする彼女を、シシ神が持つ不老不死の力の獲得のための手駒として使っていたのだ。

太陽の化身・天照大神を祖先とする天皇は、人間だけではなく自然にまでその支配権を主張していた。天皇の実権が失われた中世でも、海や山を生業の場とする狩猟採集民、異形異類と呼ばれた遍歴する宗教者や芸能民たちは、こうした天皇の自然に対する支配権をその活動の根拠とし続け、天皇もまたこうした存在との秘かな結びつきを保ち続けていた。シシ神の首を手に入れる天皇という描写は、こうした歴史上の事実を踏まえていることは間違いない。

だがそうした史実以上に、シシ神の首をめぐって共謀するエボシとジコ坊は、そのまま自然を利用しつつますます自然の深みにはまりつつある近代人の自画像である。産業革命の初期段階、蒸気機関を初めとする当時の生産技術は、火や水を扱う職人の知恵から直接生まれた。この時代、科学はあくまで自然そのものの真理の解明を行う純粋な知

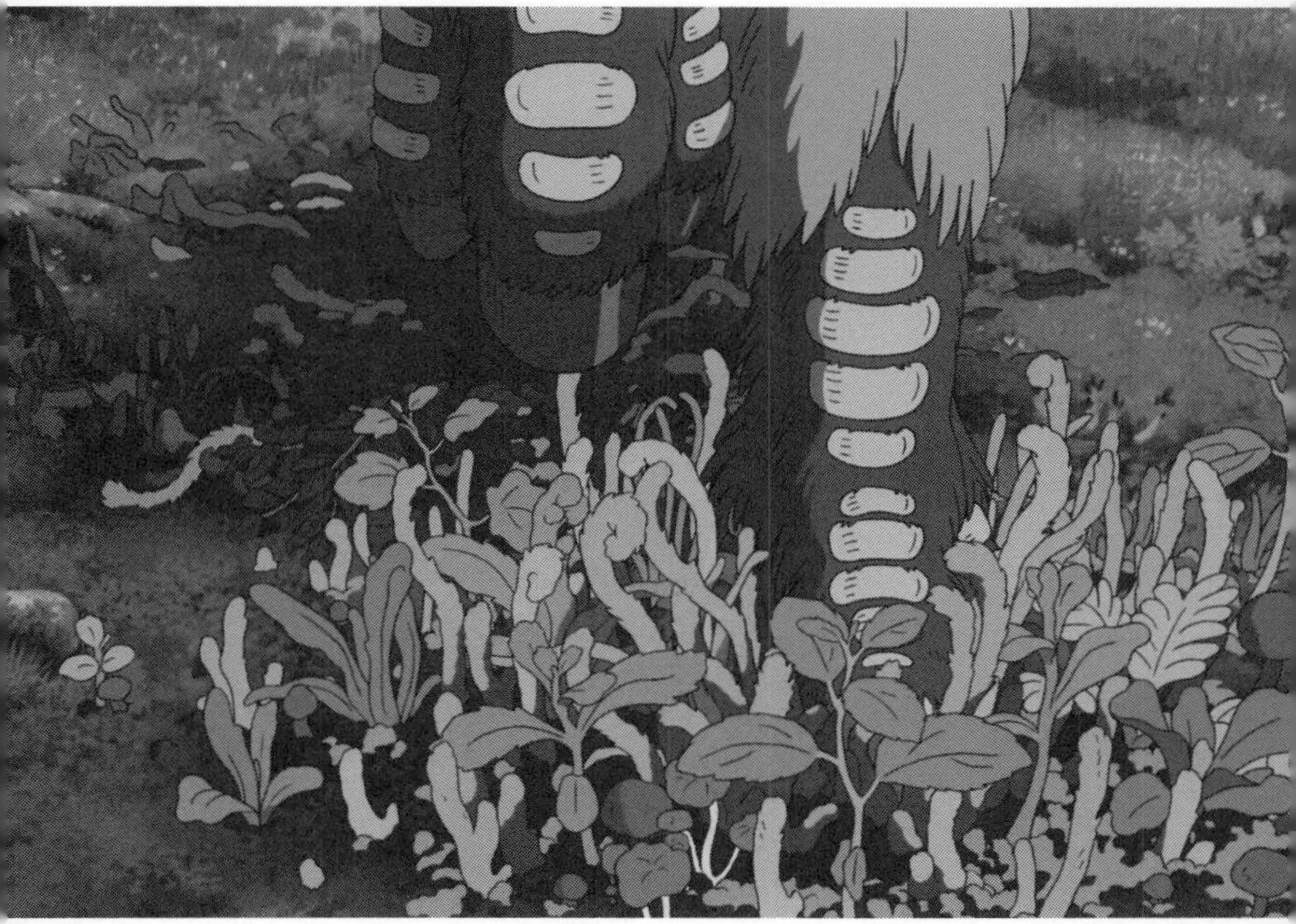

シシ神の足跡から植物が芽吹き、枯れる
宮崎駿『もののけ姫』より（©1997 Hayao Miyazaki/Studio Ghibli, ND）

的探求の営みとされ、こうした実践的な技術に応用されることはまれであった。しかし産業資本が急速に拡大していく19世紀後半から20世紀以降にかけて、科学の営みの行われる場がそれまでの科学者個人から研究所、企業などの組織へと拡大していく。そして、新たに発見された自然の原理が、そのまま新たな製品として莫大な利潤を上げるという、「科学の産業化」のプロセスが完成する。

こうして真理と技術が結びつくやいなや、人間にとっての自然は、ただ利用すべき素材ではなく、その内的な原理を理解すべき対象へと変貌する。地上の太陽としての原子力、生命の設計図を改変する遺伝子操作、いずれも人間は自然の内側に働いている生の力を理解することを通じて、その力を奪う。自然からの自由を追い求めた人間は、こうして新たな隷属の体制へと組み込まれてゆく。

このような純粋状態で取り出された新たな自然の力は、人間にとてつもない可能性をもたらすだけでなく、とてつもない危険を伴うものでもある。首を失い破裂したシシ神の身体から流れ出したドロドロの液体は、この恐ろしい破壊の側面を体現している。まるで毒ガスや放射性物質のように、ドロドロはそれに触れたあらゆるものの命を奪い、その後には生き物一ついない不毛の大地が広がる。

この恐るべき危機の中、アシタカとサンはシシ神に首を返そうと奮闘する。そして、ジコ坊から奪い返した首を差し出したとき、荒廃をもたらす恐ろしい死の力は、新しい芽吹きをもたらす生の力へと再び反転する。一人の牛飼いが呟く「シシ神は花さか爺だったんだ」。

むろんそれは「シシ神さまの森じゃない」（サン）。新たに再生した生態系にかつての神秘的な森の面影はない。地を覆う巨大な木々は跡形もなく、背の低い先駆種の草木が広がる光景は、むしろ『となりのトトロ』で描かれた里山の明るい草叢に似ている。

他方、この明るく親しみやすい自然は、過去と完全に断絶してしまったわけではないようだ。その証拠に、ラストシーンでは朽ち果てた巨木の間にたった1体のコダマが現れ、カタカタカタッと音を鳴らす。

シシ神からトトロへ

『もののけ姫』に登場する2つのカミ的存在であるシシ神とコダマに注目したい。どちらも森の生態系と結びついているが、その立ち位置は真逆である。まずシシ神は数が少なく（1体のみ）、森の生命力を体現する。これは食物連鎖の上方にいる人間や鹿のような高等動物を思わせる。これに対し木々を母とするコダマは森の至る所におり、その姿は食物連鎖の底辺にいる菌類や微生物を連想させる。

森の崩壊に際して、シシ神は消滅するがコダマは残るという描写は示唆的である。自然の生態系の中でも上位にあるものは消えやすいのに対し、下位にあるものはしぶとく残り、次の生態系を作り上げる基盤となる。シシ神の森の崩壊のような、ある地域の生態系が一掃されてしまうような局地的な破局は、白亜紀末の恐竜の絶滅をはじめとして、これまでの地球の歴史においてたびたび起こってきた。ガイア仮説を提唱した地球科学者ジェームズ・ラヴロックは、たとえ地球上の核弾頭がすべて破裂したところで、高等生物は死滅するかもしれないが、岩盤や海底に潜む微生物のような生命は決して殺し尽くすことができないと言っている（ジェームズ・ラヴロック　1984『地球生命圏――ガイアの科学』、星川淳訳、工作舎）。

実際『もののけ姫』の制作現場で生まれた裏設定の一つに、「コダマが数百年経つとトトロになる」というものがあるらしい。『となりのトトロ』で描かれた日本の原風景のような都市近郊の里山、あれも数百年前はシシ神を頂点とする原生林だったのかもしれない。シシ神を頂点とする古い生態系が一度崩壊し、その後にトトロを頂点とする里山の生態系が成立した。そんな推測もできるだろう。

原初の森の破壊の結果できあがった『トトロ』の里山も、またもう一つの懐かしい自然である。あるいは破局とは終焉と同義ではなく、普段は見えない「下」にある力が露わにされ、これまでの自然が別の何者かへとダイナミックに変身する瞬間でもあるのかもしれない。次章ではこのことをより深く掘り下げてみよう。

第5章 廃墟のマツタケ

大地への不安

『もののけ姫』から600年後、自由と幸福を求める人々の欲望は、ユーラシア大陸の西の外れで始まった近代産業文明を、瞬く間に惑星全域へと拡大させた。19世紀から20世紀前半にかけての石炭ベースの機械文明の時代には、まだ近代は世界のごく一部でしかなく、世界の圧倒的多数の人口が居住するアジア、アフリカ、オセアニア、南北アメリカには、未だ資本主義のネットワークに組み込まれないコミュニティが多数存在していた。ところが第二次世界大戦を境として、主要エネルギー源が採掘に手間がかかる石炭から、一度油田を掘れば必要な分を必要なだけ取り出せる石油へと転換したことにより、近代文明の成長は一気に加速する。大加速（グレート・アクセラレーション）の到来だ。

第二次世界大戦の惨禍、とくに「人間でない」とされた人々が強制収容所で動物のように殺されたホロコーストは、普遍的人権を謳う西洋近代的な人間観を揺らがせる事態であった。他方で戦後の大加速は、かつてないほどの規模でそれまで「人間でなかった」人々を人間にした。たとえば緑の革命。大戦中に爆薬の原料を製造するため建設された化学工場は、戦後、窒素肥料の生産に転用されたが、これと新たに開発された高収量のムギとイネの組み合わせで伝統品種の数倍の食料生産が可能になった。このおかげで餓死という人類史における最もありふれた、かつ最悪の非人間化が、多くの場所で消滅したのである。史上最悪の過ちを経て、世界は確実に良い方向に向かっている。人間はしだいに自然に対する勝利を確信するようになっていた。

この高揚感に最初の冷や水をかけたのが、ＤＤＴをはじめとする化学薬品が生物にもたらす影響を訴えたレイチェル・カーソン『沈黙の春』（１９６２）を嚆矢とする、１９６０年代の公害問題である。科学と文学を横断したカーソンの仕事によって、それまで野放図に環境中に放出されていた化学物質が、生態系の中で濃縮され重大な結果をもたらす可能性が認識された。この黙示録的な予言は、同時期の日本の水俣において、チッソのアセトアルデヒド製造工場から海洋中に放出された有機水銀が魚に濃縮され、食べた人間が有機水銀中毒になるという、最悪の事態となって現実化することになる。

今から見れば、ＤＤＴや有機水銀を環境中にばらまくことは、自然に対する蛮行以外の何物でもない。しかし、ちょうど親が子供にとって絶対的な存在である限りいくらでも甘えられるように、この時代の人間の自然に対する恐ろしいほどの傲慢さは、同じくらい深い信頼と裏表であったのだろう。その意味で公害問題は、自然は圧倒的であり、人間が何をやっても受け止めてくれるという認識が打ち崩される最初のきっかけであった。

問題が水俣やボパールといった特定の地域に留まっている限り、まだ「あるべき本来の自然」対「人間による汚染」という自然／文化の二元論の中で理解することが可能であった。だが、オゾン層破壊や放射能汚染のような新たな公害問題は、そうした局所的な汚染を超えて全地球的な影響を及ぼす。また、オゾン層はフロン規制によって自然回復したが、同じく大気中に放出された二酸化炭素は増え続け、ついに気候変動をもたらすに至った。

公害問題以降、自然は人間が何をやっても受け止めてくれる、広大無辺な外部ではなくなった。それでも、脱炭素に向けた国際的な取り組み、あるいはそもそも無限の成長を追い求める資本主義自体の変革のような人間の側の努力があれば、いずれ自然は本来のあり方に戻るのではないか。

そうかもしれない。しかし、たとえ大気中の二酸化炭素濃度だけが元に戻ったとしても、その世界は産業革命前とは同じではないだろう。数世紀後の人類が目にしているのは、気候変動に伴う生態系の激変とその中で失われた無数の生物種、繰り返される災害と寸断された人間社会という二つの廃墟だ。その光景はどこか、シシ神の森の崩壊に似ている。

宮崎駿は『もののけ姫』公開の際のインタビューの中で、現代の日本人の中にも「深い森があって、美しい緑が茂り、清らかな水が流れている夢のような場所があるんじゃないかという（中略）感覚」（宮崎駿　2008『折り返し点——1997〜2008』岩波書店、41頁）が生き続けており、それが日本人にとっての神ではないかと語っている。しかし現在進行中の気候変動の渦中においては、その森すら無傷ではいられないのだとしたら……。私たちが過去・現在・未来にわたって抱えこむであろう大地への不安は深いと言わざるを得ない。

何か異様なものへと変貌しつつあるこの地球に、私たちはいかにして再び根づくことができるのか。アメリカの人類学者、アナ・ツィンの著作『マツタケ（原題「世界の終わりのキノコ The Mushroom at the End of the World」）』（アナ・チン　2019『マツタケ——不確定な時代を生きる術』、赤嶺淳訳、みすず書房）は、まさにこの問いに正面から取り組んでいる。

2015年に原著が出版されたこの本は、21世紀の新たな人類学を代表する民族誌として、世界的な反響を呼んできた。『マツタケ』のメッセージは、気候変動や雇用の不安定化といった21世紀初頭の不確定な現実——彼女の言葉では「廃墟」（ruin）——を生きる一人一人に呼びかけられている。ツィンは主張する。この不確定な現実は、現在のところもっぱらネガティブに捉えられている。そして、何か現状を一気に変えてくれたり、あるべき姿に立ち返らせてくれる魔法のような救世主を待ち望んでいる（イーロン・マスクとドナルド・トランプ！）。けれどもツィンに言わせれば、そうした人々は「世界は「救」われないという単純な認識を直視しようとしない」（チン　前掲書、5頁）だけである。現在の苦境を救うのは、未来のテクノロジーでも、強力なリーダーでもない。

では私たちは何によって救われるのか。筋トレしかり、「〇〇活」しかり、自分のことは自分で救え！というのが現在の主流の考え方だ。けれども彼女の答えは意表を突いたものである。

「あたりを見渡してみれば、このあらたな不思議な世界に気づくはずだ。想像力を働かせさえすれば、その輪郭をとらえることはできる。いまこそ、マツタケの出番である」（チン　前掲書、7頁）。

この人はいったい何を言っているのか？　まさか、ただのちっぽけなキノコが救世主とでも!?

いや、実はまったくその通りなのだ。急速な経済発展を遂げた20世紀後半の日本人は、高級食材として珍重されるマツタケを求め、世界中にサプライチェーンを張り巡らせた。

ツィンはこのネットワークを追いかけ、世界各地でマツタケが生産、流通、消費される現場で繰り広げられる人々のドラマを描き出す。道すがらに出会うのは、森林伐採や戦争難民といった、自然と人間を破壊し続けた20世紀のダークサイドを体現する存在たちだ。

しかしそれとは裏腹に、彼女の眼差しの向こうにある世界には、不思議な「ほっこり」感がある。まるでこの21世紀初頭の絶望的な現実が、マツタケとの出会いによって不意に裏返され、まったく別様な何かへと姿を変えたかのように……。

マツタケとの出会い

ツィンが初めてマツタケのことを知ったのは、21世紀初頭のことである。オレゴン州の荒れ果てた松林に生える悪臭を放つキノコ——興味深いことに欧米人にとってマツタケの香りは、「カビ」「泥」「キャンディーと汚れた靴下が混ざった臭い」などと形容される——が、海の向こうの日本では何千ドルもの価値を持つ。この事実に興味を抱いたツィンは、さっそくマツタケ狩りの現場を訪れた。ところが待っていたのは、それ以上の現実であった。

大きなキャンプは、まるで東南アジアの田舎に足を踏み入れてしまったかのようであった。ミエン人がサロンをまとい、3個の石でこしらえた竈（かまど）に載せた灯油缶でお湯をわかしていただけではなく、野鳥や鳥を割いたものを竈に吊して乾燥させていた。モン人ははるばるノース・カロライナから自家製のタケノコの缶詰を持参し、売っていた。ラオ人のテントではフォー〔米粉麺〕だけではなく、生血と唐辛子、内臓が入った、これまでに米国で食べたなかで、もっとも本格的なラープ〔サラダ〕を食べさせていた。ラオ語のカラオケが電池式スピーカーから鳴り響いていた。チャム語は話せないものの、チャム人のマツタケ狩りもいた。もし、かれがチャム語を話せたら、マレー語との近さから、なんとか会話できていたはずだ。私の言語力をあざ笑いながら、4つの言語――クメール語、ラオ語、英語、黒人英語――を操ることができると自慢するグランジを着たクメール人の少年もいた。地元のアメリカ先住民が、ときどき、マツタケを売りにきた。白人とラテンアメリカ系もいた。しかし、かれらの多くは公定キャンプ場を避け、森のなかに独りか少数のグループで滞在していた。

（チン　前掲書、87－88頁）

この時期、オレゴン州のキャンプ場はマツタケ・ハンターの治外法権空間と化していた。いくつもの言語が飛び交い、見たこともない奇妙な料理の匂いが立ちこめる。ここにいるのは故郷も文化もバラバラな人間の集合体であり、（アメリカ先住民を除き）皆、この土地とは縁もゆかりもない。

このバラバラな人々をつなぐのがマツタケだ。古老の話では、1993年のマツタケ・バブルの時は1本のマツタケが300ドルにもなったという。その後価格は下落したが、それでもハンターは1日で数千ドルを手にすることができた。かくして、ベトナム戦争で故郷を追われたインドシナ難民、時給11・5ドル（医療手当なし）で働くウォルマートの従業員、戦争のフラッシュバックに苛まれる退役軍人――いずれもアメリカ社会の「普通」からずれてしまった人々だ――が、マツタケ・シーズンの2ヶ月間だけオレゴン州に集結し、それぞれのマツタケを追うようになった。

マツタケ狩りはその気になれば誰でも始めることができる。必要なのは、キノコを見つけ出す己の感覚のみ。新米ハンターの目の前にあるものは森の木々や地表だけだが、探索を重ね経験値を高めれば、次第にその下に広がるマツタケの菌糸へと見える世界が広がっていく。地形、木の生え方、動物たちの痕跡、そして何より、あの微かな、しかし間違いようのない香り。人はこれらの感覚を総動員し、地中に埋もれた一本のマツタケを探し出そうとする。最初は一日歩き回っても骨折り損のくたびれもうけにしかならないだろう。だがひとたびコツを掴めば、もうこのゲームから抜け出すことは難しい。

ツィンはこのマツタケ狩りの労働としての特異性に着目する。マツタケ狩りは、一面ではアルバイトや会社と同じくお金を得ることを目的とした労働だ。前者において、人はすでに決められた時給や出勤時間の中で、決められたやり方で働くことを求められる。このような働き方は時に抑圧的で時に退屈だが、これに従っている限り生活の安定は保証されているし、何かあっても組織や法律があなたを守ってくれる。だがマツタケ狩りはそうではない。もちろんうまくいけば一攫千金には違いない。だがそれまでに散々山を無駄に歩き回らなければならないし、たとえ熟練のハンターでも遭難の可能性は常にある。白人のキャンプ場オーナーは、「あの人たちは朝早くから起きて頑張っているのに、ほとんどお金が稼げずかわいそう」と言う。確かにその意見にも一理ある。リスクとベネフィットを総合的に計算したとき、マツタケ狩りが時給11・5ドルのウォルマートでの雇用に勝るとは必ずしも言えないだろう。

ではなぜ人はマツタケ狩りをするのか。お金は本当の目的ではないのだ。時給いくらで働いているとき、人間は自分の労働から疎外されている。時計の針はのろのろ進み、私たちは労働からの一刻も早い解放を待ち望む。他方、五感を総動員しフィールドを探索するマツタケ狩りは、それ自体で楽しい。狩りのフィールドに入ると人は時間を忘れて探索に熱中する。運良くマツタケを見つけ出せれば、それは何よりも己のハンターとしての有能さの証拠であり、周囲の人々の称賛の的となるだろう。つまりマツタケ狩りとは、何にも縛られず自分の能力を発揮させることができ、おまけに承認欲求まで満たされる仕事であり、だからこそマツタケ狩りに乗り出す人々は絶えないのだ。

こうしたマツタケ狩りの働き方が可能になっているのは、究極のところ、マツタケが誰のものでもないからである。マツタケはオレゴン州の国有林に勝手に生えてきたものであり、それがたまたま海の向こうの日本では高値が付く食材だということを誰かが発見し、マツタケ狩りのエコ・システムができあがった。つまり、マツタケ・ハンターが手にする価値は、自然から人々へと直接惜しみなく与えられたものなのだ。しかも、どんなに多くのハンターが押し寄せマツタケを狩ったところで、その本体である菌糸は地中に残っている。この本で引用されている松尾芭蕉の俳句「松茸や　人にとらるる　鼻の先」は、人が珍重するキノコが、マツタケにとってはほんの「鼻の先」であるということを語っている。来年になれば再びマツタケは生え、人々に新たな富をもたらすだろう。

「自然の恵み」、そう言いたくなる。けれども少しここで立ち止まってみよう。マツタケが生まれる土地は「手付かずの豊かな自然」なのではない。むしろその反対だ。収奪され、破壊され、荒れ地となった場所、人はそこに自然ではなく自然破壊を見て取るような場所に、逆説的にも最も豊かな世界が生まれている。これはいったいどういうことなのか。ここから少しオレゴンの森の歴史を探ってみよう。

オレゴンの森の物語

オレゴン州を南北に貫くカスケード山脈の東部には、元々ポンデローサマツが広がっていた。これは樹高70メートル以上になる巨大なマツであり、加工しやすく丈夫なため、建築用材や家具など幅広い用途を持つ。19世紀にこの地に入植した白人たちは、巨大な神殿のように木々が立ち並ぶ景観に目を奪われ、これこそ「手付かずの大自然《ウィルダネス》」だと称賛した。

しかしポンデローサマツはずっと昔から自然に生えていたのではない。このマツが優勢になったのは、この地のアメリカ先住民たちが毎年行っていた、森の下草に火をかける野焼きにより、燃えやすい競合樹種が焼き払われた結果であった。一面に広がるポンデローサマツの景観は、白人たちが思ったような手付かずの大自然などではなく、むしろ人間の営みと絡み合いつつ成り立っていたのである。

19世紀にインディアンが白人との戦争に敗れると、その土地に白人の伐採業者が進出し、次々とポンデローサマツを切り倒し始めた。白人たちは木を伐る一方で、将来にわたる森林資源の安定的な利用のため、その管理と保全を行う林野局を設置した。ところがその方法はまったくの見当違いであった。林業資本家たちの圧力を受けた林野局の役人たちは、なんとそれまでインディアンが行っていた火入れを禁止してしまったのだ。最終的に林野局もポンデローサマツの保全のためには火入れが必要なことを認めたが、そのときもはやすべてが手遅れだった。火入れが禁止されたことで、ポンデローサマツに代わって燃えやすいロッジポールマツが優勢となってしまったのだ。ロッジポールマツも有用樹種ではあるが、かつてのポンデローサマツの景観を見慣れた人々にとって、それは「みすぼらしい老犬の背中の、炎症患部」（チン　前掲書、298頁）というふうに否定的に捉えられた。そして1970～80年代には林業は衰退し、主要産業を失った地域社会は荒廃していく。ロッジポールマツの根にマツタケの菌糸体がとりついたのも、ちょうどこの頃らしい。

オレゴン州の森にマツタケが生えるようになった経緯はこのようなものだ。ロッジポールマツに覆い尽くされた景観とは、ツィンによれば、傲慢な自文化中心主義と資本主義によって収奪され、凋落した廃墟に他ならない。そして興味深いことに、この自然の凋落と廃墟化は、社会の凋落と廃墟化と軌を一にしていた。

20世紀初頭、オレゴン州の林業が隆盛を極めていた頃、アメリカ大陸にはより良い暮らしを求める移民たちが続々と押し寄せていた。ここではさまざまな生い立ち、文化的背景を持った人々を「アメリカ人」というアイデンティティへと統合し、資本主義的生産様式に適した均質な労働力を作り上げることが急務だった。

この統合のメタファーとなったのが「人種のるつぼ」である。世界で初めて流れ作業による自動車の大量生産を行ったフォードは、世界各地からやってきた移民労働者のための学校も持っていた。この学校の卒業式において、英語とアメリカ社会の基本的価値を学んだ労働者たちは、まず初めにそれぞれの民族衣装をつけた姿で現れ、壇上に置かれた巨大なるつぼの張りぼての中へと入っていく。数分後、観客は同じ人物がスーツに身を包み、アメリカ国旗を手に再び現れるのを目の当たりにする。この儀式は、彼らが学校というるつぼの中で、アメリカ人という新たなアイデンティティを獲得したことを劇的に表現するものであった。

こうして人々は新たなシステムへと包摂されてゆく。その行き着く先が「ゆりかごから墓場まで」を標榜する福祉国家だ。1929年の世界大恐慌を経て、それまでの自由放任型資本主義に代わる新たな政治経済体制として登場した福祉国家では、国家による個人の生活保障制度（社会保険や年金）が積極的に整備され、それまで不安定だった労働者の身分は、法権利によって保護された正規雇用へと移行していく。また企業も労働者をできるだけ安く買いたたくのではなく、より多くの賃金を払うことによって彼らの労働意欲をかき立てる方向へと舵を切る。これは単に生産の増大のみならず、生活に必要な分以上の収入を手にした労働者を消費者へと仕立て上げ、経済全体を活性化させるという効果をもたらした。

この時代において、働けば働くほどそれだけ賃金が上がり、生活がより豊かになることは自明の理であった。労働とは自然を征服し文化へと変えてゆく英雄的な行為であり、その積み重ねの先に人類は無限の進歩を実現するだろう、そう本気で信じられていた。

なお、こうした公的領域での労働と対になるのが、出産、育児、家事といった私的領域での仕事である。福祉国家体制において主に女性が担ったこれらの仕事は、新たなものの創造としての労働ではなく、本質的に自然の領域に囚われた再生産――たとえば毎日ご飯を作ることは、どんなに創意工夫したところで、人間の身体を維持するという生物学的必要に迫られた行為であることは否定できない——とされ、ゆえに価値を生み出す労働とは見なされなかった。

20世紀を特徴づける資本主義と共産主義のイデオロギー対立も、その背後には「労働を通じた進歩」という共通する価値観があった。第二次世界大戦後アメリカとソビエトの間で東西冷戦が始まるが、どちらの陣営も自らの体制が相手より人類の進歩と幸福に資することを宣伝し、自陣営への組み込みを画策した。

ところがアメリカはここで大きな挫折を経験する。ベトナム戦争（1962〜1974）だ。共産主義陣営が支援する北ベトナムと資本主義陣営が支援する南ベトナムの間で戦われたこの戦争は、結局ベトナム全土の共産主義化に終わった。これは自由と民主主義を掲げたアメリカの敗北であり、また大量の戦死者や非戦闘員に対する残虐行為はアメリカ国内においても反戦運動を激化させた。

1950〜60年代のアメリカは、第二次世界大戦の戦勝国としての自信に満ちあふれた、世界で最も豊かな国家であった。しかし70〜80年代のアメリカは、ベトナムでの敗北と日本の経済的台頭によってかつての輝きを失い、経済的にも低迷していた。製造元が倒産したアメリカ車（デロリアン）に日本製のマイクロチップを搭載し、古き良き

1950年代にタイムスリップするスティーブン・スピルバーグ監督の『バック・トゥ・ザ・フューチャー』（1985）は、この時代のアメリカのアイロニカルな自己像を反映している。

異なる文化的背景を持つ人々を時間とコストをかけて教育し、安定した職を与え、アメリカ社会の主流的価値観へと同化させてゆく「るつぼ」はもはや維持不可能であった。代わりに登場したメタファーが「サラダボウル」である。異なる金属を溶かして一つの合金を作るるつぼとは違い、サラダの材料は同じボウルの中であくまで別々である。これは一面では個人の多様性の尊重であるが、他方では「干渉しない代わりに助けもしない」というきわめてドライかつローコストな統治手法だと言える。

この新たな体制が始まって真っ先にやってきたのが、ベトナム戦争の難民である。アメリカが受け入れたインドシナ難民は82万人以上に上るが、これら新移民に対し、かつてのような「アメリカ人」という単一のアイデンティティへの統合が要求されることはなかった。そもそもアメリカ人も安定的な仕事にありつくことが難しい状況で、どうしてこれらの人々に職を与え、アメリカへの忠誠を誓わせることなどできようか。

移民たちはわずかなトレーニングと手当をもらっただけで、いきなりアメリカ社会へと放り出された。この状況で生きていくために必要なのは、勤勉な労働でも国家への忠誠心でもなく、右も左も分からない状況の中でチャンスを掴む目ざとさだ。誰かがマツタケ狩りのことを聞きつけた。難民の一部は元々インドシナ半島の山岳部に居住する少数民族であり、山歩きはお手の物であった。それに山での暮らしは、狭い都市のアパートに押し込められる日常とは違い、失われた故郷を思わせる懐かしさを伴っていた。かくして冒頭に描かれた状況に至る。

懐かしい香り

マツタケ山に難民たちが押し寄せるオレゴン州の森は、崩壊した自然と崩壊した社会が出会う場だ。だがこの絶望的な状況の中で、逆説的にも新たな豊かさが生じている。その豊かさをすぐに認識することができないのだとしたら、それは私たちの中に「安定した、規則正しい」自然と社会という20世紀的な価値観がアップデートされずに残っているからに他ならない。マツタケをめぐる物語は、自然と社会両方においてこうした価値観を突き崩す。

しかしなぜ、荒れはてたオレゴンの森にマツタケが生えたのか。そこには人為的にコントロールすることができない、複雑なアレンジメントがある。もう少しだけマツタケの物語を辿ってみよう。

菌類は岩石、樹木などから栄養を消化・吸収する、動物と同様の代謝を持った生き物だ。この時、菌が放出するのは二酸化炭素だけでなく、分解した後の物質も含まれる（要するに菌の「ウンコ」だ）。これが他の動植物に栄養として吸収され、その生存環境となる。マツの根に共生するマツタケもまた、土壌中に張り巡らした菌糸から主にリン酸や窒素を吸収して宿主植物に供給し、代わりに共生主となる植物が光合成により生産した炭素化合物をエネルギー源として得ることで、菌自身が成長する。このように宿主となる木の根に絡みつき、一緒に育つ菌のことを菌根菌と言う。

人間との関わりで重要なのは、腐生菌（死んだ木から栄養をとる菌）である椎茸やナメコと違い、菌根菌のキノコの多くは人工栽培ができないということだ。ポルチニ、シャントレル、トリュフ、そしてマツタケ。これらのキノコが希少で高価なのは、人間の都合に合わせて生産できず、自然に生えているものを見つけるしかないからだ。

マツは溶岩に覆われた大地、砂丘、放棄された畑など、攪乱された環境に真っ先に生えるが、これも菌根菌との共生関係あってのことだ。菌が砂や岩を分解し、マツが吸収できる栄養分に変える。とくに極限的な環境では、強い酸性物質を分泌するマツタケ菌のみがマツと共生できる。ところがこうした活動の結果として土壌に有機物が増えると、マツタケとマツは居場所をなくし、他の木々や菌類に取って代わられる。つまり、最も荒れ果てた土地においてのみ、マツタケは生きることができるのだ。

実際、世界のマツタケ生産地の多くは、商業的林業の跡地や生活のために恒常的に利用される森林（例・里山）など、人間によって攪乱された場所だ。ゆえにそこにマツタケがあるとき、背後には人間の歴史がある。

そもそもなぜ日本人がオレゴン州のマツタケを輸入するのかというと、日本文化においてマツタケの香りが高く価値付けられているからだ。ところが、ツィンが出会った日本のマツタケ学者・小川真によれば、マツタケの起源は日本ではなく朝鮮半島であるという。彼は言う。弥生〜奈良時代にかけて文明の先進地帯であった古代朝鮮半島では、寺や鉄を作るために森が破壊され、マツタケが生えやすくなった。日本にやってきた渡来人たちは同じように森の木を伐り、その後に生まれたマツ林でマツタケを見つけた。マツタケの香りは渡来人たちに遠い故郷を偲ばせるものであり、また元々日本列島にいた人々にとっては進んだ文明への憧れを体現するものであった。

この物語が事実であるかどうかはわからない。だが、マツタケがそこら中で採れた高度経済成長期以前の日本の自然が、人間によって限界まで酷使されていたことは確かである。明治時代の古写真を見ると、いまは一面の森となっている場所が、数えるほどの樹木しかない禿げ山であることがよくある。昔は自然が豊かだったという先入観を裏切るように思われるが、よく考えればこれは不思議でも何でもない。何しろ石炭や石油が燃料として出回る以前の日本の農漁村では、日々の煮炊きはすべて近隣の里山で採れる薪に頼っていたのだ。枝や幹はもちろんのこと、地面に落ちた葉ですら肥料として回収されていた。常にかき回され、痩せた状態にある森の土壌は、マツとマツタケにとっては最高の環境だった。

日本の森林が回復したのは、農村部のエネルギー源が徐々に化石燃料へと転換していった近代のことである。特に農業の機械化が進んだ高度経済成長期には、トラクターと化学肥料の導入によって燃料と肥料の供給源としての里山は放棄され、代わりに大量の杉が植えられた。程なく安い輸入材の流入により国内林業は崩壊し、手入れされない杉林は花粉症の発生源として人々を悩ませるようになった。豊かになりすぎた森林は、人間にとって厄介者になってしまったのだ（太田猛彦　２０１２『森林飽和——国土の変貌を考える』ＮＨＫ出版）。

人間と自然が最も遠くなった時代において、かつての里山に対するノスタルジーが生まれてくる。その一つの表れが、現在まで続くさまざまな「里山復興」の運動である。

近代化された新たな生活様式の中で里山の価値を見直すことを謳うこの種の運動では、ボランティアたちが放棄された山林を管理し、過去の姿（その中にはマツタケも含まれる）を取り戻そうとする。だが美しく保全された里山は、その実、ユートピアとして想像された過去の現在への投影であり、実際にそうであった姿とは異なっている。

もう一つのノスタルジーの表れが、日本国内からほぼ消えてしまったマツタケに対する旺盛な需要であった。これに目をつけた総合商社は世界中を探し回り、北米、中国、北ヨーロッパなどの輸入元を開拓した。ツィンが最初にマツタケ狩りに出会ったアメリカ・オレゴン州もその一つであったが、彼女はその後、もう一つの産地である中国・雲南省を訪れている。その光景は興味深い。

1990〜2000年代初頭の中国農村部は、ちょうど高度経済成長期以前の日本のように、薪の採取や家畜の放牧地として森を過剰利用していた。かつての日本と同じように、そういう山こそマツタケの産地である。けれどもそれまで美しく保全された日本の里山を見慣れていたツィンにとって、その景観は懐かしいというより、乱雑で異様なものだった。

さらにこの景観の原因は、単に当時の中国農村部の後進性だけに帰せられるものではなかった。ある老人がふと口にした言葉が彼女の注意を引きつけた。彼によれば、

1950～60年代の大躍進運動――共産党主席・毛沢東によって主導され、中国の急速な工業化と経済発展を目指すも、大量の餓死者を出すに至った政策――の中で、製鉄用の薪を得るために森は一度消滅したのだという。いまマツタケが採れる中国の森は、人為的な開発のために破局的なダメージを受け、そこから50年かけてようやくマツが生えるレベルにまで回復していたのであった。

彼女がそれまで滞在していた日本の中部地方も、やはり明治維新後の急速な経済発展の中で山林が荒廃し、それから40～50年後になって大量のマツタケが採れるようになったという過去がある。人間の歴史家は明治維新を近代化の成功例、大躍進運動を無謀な失敗と断じるが、マツやマツタケの視点からすれば両者は同じようなものである。どちらもそれまでの生態系が一度リセットされ、土地は荒れ地と化し、そしてマツタケが生える。

マツタケの香りを嗅ぐとき私たちの中に沸き起こる感覚は、「日本らしさ」のような単一のアイデンティティに帰着できるものではない。香りの背後には、いくつもの自然と社会の廃墟が連なっている。文明化のために荒廃した朝鮮半島の自然で生まれた美的感覚が、生活のために酷使された日本の里山へと延長され、無謀な政治的・経済的プロジェクトによって崩壊した外国の森林で生産されたモノへの欲望を喚起する。マツタケは現在の廃墟のただ中で生産されつつ、過去の廃墟へのノスタルジーによって価値づけられ消費される。

ポケモンとスーパーラット

シシ神の消滅の後に再びコダマが現れたように、過ちが招いた破局は既存の自然を解体し、より未分化な状態へとリセットする。そうして再生した生態系は、やがてトトロを頂点とする里山という、まったく異なる形態を持つようになる。『もののけ姫』と『マツタケ』が伝えてくれるメッセージは、取り返しのつかない死と破壊が、世界がその潜在性を解き放つ契機でもあるというものである。

マツタケに導かれていま・ここから他なる時空へと導かれた私たちは、次のような問いを発するのではないだろうか。取り返しのつかない過去の過ちが作り上げた景観に住まうマツタケ狩りの人々と同じく、過去の生物の死骸（化石燃料）を燃やして大気組成を変化させている近代人もまた、過ぎ去った旧世界の廃墟に住み着きながら、来るべき新世界を作り上げている存在だ。ならば現在日本と世界で起きつつある廃墟化は、その絶望的な未来の先に、新たな世代にとっていかなる生の基盤となるだろうか、と。

ここで思い出されるのがスーパーラットだ。スーパーラットとは1960年代以降の東京に出現した、殺鼠剤の効かない新世代のドブネズミの名称であり、それを渋谷の路上で捕獲し、ねずみポケモン・ピカチュウに加工した日本のアーティスト集団「Chim↑Pom」の代表作でもある。殺鼠剤がばらまかれた東京の街は、ネズミにとっては毒だらけの最悪のディストピアだが、そこでなぜか生き残ってしまったスーパーラットは、マツタケと同じく廃墟に生まれた新たな生命体だ。

高価なマツタケとポケモンのコスプレをさせられた気持ち悪いネズミの剥製が同じだなんて、と思うかもしれない。けれどもここまでの議論の道筋からすれば、両者の類似性は予想外に高い。

ツィンによれば現代日本におけるマツタケは、高度経済成長で失われた自然へのノスタルジーとともに消費されていた。実は、スーパーラットがその姿を纏うポケモンも同様である。ディレクターの田尻智は東京の郊外出身であり、子供時代には里山や空き地での虫取りに熱中していた。彼がかつて虫取りをしていた場所は1970～80年代にかけて次々と開発され、家や道路へと姿を変えていった。ゲーム・ディレクターとなった田尻は、もはやそうした遊び場を持たない現代の子供たちに向けて、かつて自身が夢中になった虫取りをデジタル環境で再現するゲームを作り出す。ピカチュウとは、空き地の虫たちの姿を変えた帰還に他ならない。

だが画面の中での「虫取り」は、蚊に刺されることもなければ鋭い葉で傷つくこともない。ポケモンたちもまた、ネズミやカメといったその生物的意匠に表現された実在する生物個体との連関を切断され、ゲーム内で保存・転送が可能なデータとなる（久保明教 2018「他性の現在――『ポケモン』と標準的媒体をめぐって」『文化人類学研究』19）。

デパートの店頭に並ぶマツタケが背後に自然と社会の廃墟を隠していたように、ポケモンの姿を纏うスーパーラットは、この抹消された自然の背後に、新たな怪物を浮かび上がらせる。空き地や里山が失われたとき、人間が作った毒だらけの都市がネズミにとっての生活環境となった。どんなに気持ち悪かろうが、これこそが現代の自然である。

環境汚染や気候変動といった問題が語られるときしばしば使われるレトリックは、「元々は手付かずの自然だったものが、人間の活動（＝文化）によって汚されたというものだ。この言い方だと文化によって汚染された自然は「失われ」、二度と戻らない。これはマツタケやスーパーラットが教えてくれることとは真逆の結論だ。これらの生き物たちは、人間が作り上げた文化の廃墟に住みつき、そこを新たな自然としている。自然は失われた過去にあるのではなく、崩壊しつつある人工的世界の先に、今この瞬間も

SUPER RAT（2006年）
（Courtesy: Chim↑Pom Studio 撮影: Chim↑Pom）

生まれ続けているのだ。

ここで、人間もまた地球という環境に棲まうマツタケやスーパーラットだと見なしてみよう。進歩と発展を旗印にせっせと働いてきたこの生物は、世界中の同族が先進国のライフスタイルを手に入れたら、地球があと何個あっても足りないことに気がついた。この時、地中に埋まる大量の養分（化石燃料）は、その活動によって分解され大気中に放出されていた。やがてその影響が地球システムを不安定化させると、人類すべてを包摂する進歩の時間はその自明性を失う。

あらかじめ計算された持続可能な未来に裏打ちされた資本主義的な近代林業と較べると、複数の時間が交差する気まぐれな自然に左右されるマツタケ採集は、取るに足らないちっぽけな存在のように見える。しかしツィンはマツタケ採集のような自分以外の何者かから「おこぼれをいただく」活動——沈没船から鉄くずを回収するように、他の領域から価値あるものを回収する「サルベージ・アキュミュレーション」——こそが、資本主義の価値の蓄積を支えていると主張する。

進歩と発展の時代において、サルベージは人間が主導権を持っていた。化石燃料や鉱物資源は経済的需要に従って掘り出され、加工されて価値を持ったあと、耐用年数が来れば（あるいはその前に）捨てられた。けれども進歩と発展が限界を迎えると、主客の関係は逆転する。たとえば温室効果ガス削減目標が示しているのは、現在においてサルベージは人間ではなく自然の都合に従わなければならないということだ。

ある意味で私たち自身の暮らしの根幹（＝資本主義）そのものがマツタケ採集のようになってしまったのだ。農耕や工業を発展させ、自然の変動から逃れた安定した文明世界を築き上げてきた人間は、再び自然に寄生し、その恵みに依存する狩猟採集民へと立ち戻りつつある。

世界の終わりと始まりのキノコ

実はこの本自体もサルベージ・アキュミュレーションの上に成り立っている。私がソロモン諸島に初めて渡航したのは２０１５年だったが、研究資金プログラムへの応募が全滅したため、費用をすべて自分でまかなわなければならなかった。そこで目を付けたのが、年2回の大学の大掃除である。サッカー場ほどの広さの土地一面に、各研究室から排出された粗大ゴミ——パソコン、壊れた什器、古い実験装置等々——の大平原が広がり、ドライバーを手にした学生や教員が、何か使える部品はないかと夜遅くまでゴミの山の間を徘徊する光景が見られた。この行為は今では全面的に禁止されているようだが、2010年代半ばまではまだ大学当局の管理も緩かった。

運良く、ソロモン諸島から帰ってすぐにこの大掃除があった。翌月のクレジットカード引き落としに頭を抱えていた私は、すぐに机の引き出しからドライバーを引っつかみ、狩りに参加した。主な狙いはパソコンだったが、それとは別に自分用のルーペに使おうと思って、顕微鏡のレンズを1本持って帰った。ところがこれを試しにヤフオクに出してみると、開始から数時間で開始価格の数十倍の値段が付いた。驚いた私は即座に現場にとって返し、残っていたレンズをすべて回収した。レンズが高額で売れたおかげで、その月の収入は予想をはるかに上回るものとなり、カード会社への負債を完済できたのはもちろんのこと、一部は次のフィールドワークの資金に回すことができた。

人類学者は起業家と似ている。最初に0を1にするチャンスがないと、永遠に次に進めない。私の場合、この「資本の原初的蓄積」は誰かが捨てたゴミだった。私自身もその価値を知らず、また生かすこともできなかったモノが、ネットの向こう側にいる誰かに見出され、途方もない価値を持ったのだ。『マツタケ』を地で行くようなサルベージ・アキュミュレーションの結果として、私はいま人類学者をやっている。

このような経験は、金欠学生のシノギのような例外的な事態に留まらず、もはや日常生活の一部になりつつある。メルカリのことを考えてみよう。2016年5月から流れた同社のCM「メル狩り族」シリーズでは、「都会に住む謎の狩猟民族」をテーマとして、ブラザートムと渡辺直美が扮する原始人の父娘が、メルカリでさまざまなモノを売ったり買ったりする。確かにメル「狩り」とはうまいネーミングである。使わないキャンプセット、着飽きた服、熱が冷めた推しのグッズ……これらはすべて、押し入れという森に眠るあなたのマツタケだ。

この膨大な富に目をつけたメルカリの狙いは正しかった。会社は2013年の創業以来急成長を遂げ、時価総額は上場以来6000倍になった。そして皆のスマホにメルカリのアプリがインストールされ、ホームレスもそうでない人も、都市の森でそれぞれの「マツタケ」を採集するようになった。このモノが売れない時代に、サルベージ・アキュミュレーションが資本主義の頂点に立ったのだ。

従業員の副業を解禁したり社内でベンチャーを立ち上げる企業が増えているのも、サルベージ・アキュミュレーションの一つである。それまでは単なる趣味だったり、あるいは労働時間外に会社の設備で勝手にやっていたことが、フォーマルな経済活動となる。

この風潮はさらに「遊び」と「労働」の区別を揺るがす。やりたくもない仕事に毎日8時間耐えて、上がる見込みのない給与をもらうくらいなら、ゲーム実況でファンを掴み投げ銭で暮らすほうが（たとえ後者は不安定で将来の見通しが立たなくとも）、圧倒的に楽しい。もちろん最初はほとんど収入にならないかもしれない。けれどもどんなにわずかなお金でも、それは単なるお金ではなく、自分が何者かであることの証拠だ。こうなったら、何時間も森を歩き回ったあげくはじめてマツタケを手にしたマツタケ・ハンターのように、この稼業の魅力から逃れることは難しい。

このように、現代社会における「マツタケ」的なものの広がりは、容易に先を見出せない閉塞した時代において一つの希望だ。しかしこの希望には裏面があることも忘れてはならない。

ヤフオクにしろメルカリにしろ、現代の「マツタケ」狩りになくてはならないのは、多様な価値を翻訳する、標準化されたプラットフォームだ。私自身の事例のように、個人から見ればこうしたプラットフォームは、明日をも知れぬ不安定な世界をサルベージ・アキュミュレーションによって生き抜く、エンパワーメント・ツールである。

だが物事には裏面がある。プラットフォーマーもまた、サルベージ・アキュミュレーションを行っている。その対象は、一人一人のかけがえのない人生の時間である。Facebook や Twitter（現X）などの巨大プラットフォーマーは、人々の「無駄な」時間を徹底的に囲い込んで収益化しようとして、あの手この手を繰りだしている。さらに、この状況は収奪の対象となる一人一人に自らの生を「コスパ」計算の対象として意識させ、生きることの意味を貧困化させている。

サプライチェーンの中心たる日本の商社はマツタケ山を直接管理しようとせず、間にいくつものバイヤーや仲介業者を置きつつ、ハンターたちに好きにやらせていた。あえて外部を外部のままに留め、自己の内側に組み込もうとしないことが、逆説的にも持続的な価値を生んでいたのだ。これに対して現代の資本主義は、そうした外部をあからさまに組み込み、動員しようとしている。これまで遊びや無駄、個人のこだわりと片付けられてきた領域は、将来への投資として枠付け直されるとき、マツタケ・ハンターたちの伸びやかな欲望の発露はもはやない。あるのは、不在の未来から現在を疎外する、冷ややかな計算だけだ。

しかし、そうして築き上げられたものも、ひとたび戦争、災害、炎上があれば跡形もなく消え失せる。『マツタケ』の教えが生きるのはこの時だ。「突如として世界が崩壊したら、どうするか?」（チン　前掲書、3頁）、ツィンはそう問いかける。

おそらく、まだ人間の生きていける場があり、またそこであなたが生きたいと欲するのであれば、私たちはもう一度振り出しに戻って、それぞれの「マツタケ」を探すことになるだろう。なぜなら一つの世界の終わりとは、また別の世界の始まりなのだから。

第6章
人間の変容

サステナビリティの先へ

私たちはマライタ島と室町時代、そしてマツタケ山を経て、現代へと戻ってきた。しかし、何と異様な現代だろうか。かつての安定した自然と社会は崩壊し、荒廃した土地に生えるマツタケと故郷を追われた難民のような利那の結びつきが、一面の廃墟の中にかろうじて残された希望となっている。

人新世において、自然も人間ももはや過去とは別の何かへと変化している。過去を基準とすれば、それはあってはならない「劣化」である。だが、現代の社会・経済的活動に見られるさまざまな「マツタケ」狩りの事例は、絶望でも希望でもない、到来しつつある世界における新たな生の可能性の幅を垣間見させてくれる。ここから先のテーマとなるのは、この新たな生の可能性を人間と自然のそれぞれの側面から探求することだ。

こう述べた途端に、これまでの議論はすべて「サステナビリティ」の名の下に回収できるようにも思われる。リユース、リサイクル、社会的弱者の包摂……表層だけ見れば、マツタケ狩りを持続可能な開発目標（SDGs）の理念に結びつけることもできる。

だが、両者は本質的に方向性を異にしている。ここまで私たちが学んできたのは、人間は自らの力量で「持続《サステイン》」しているどころか、さまざまな偶然の結びつきの結果、かろうじて生きのびてしまっている存在であるということだ。マツタケ狩りの側から見れば、サステナビリティとはこうした現実に対する端的な否認に他ならない。ここで問われるべきは、マツタケ狩りはサステナブルかどうかではなく、現代社会においてかくも否定しがたい価値となっているサステナビリティを、人類学的思考を通じて非自明化することである。

20世紀を代表する人類学者の一人、クロード・レヴィ＝ストロースの有名な言葉に「世界は人間なしに始まったし、人間なしに終わるだろう」というものがある。一人一人の人間が生まれる前と後を知らないように、類としての人間（人類）もまた、人間以前と人間以後に挟まれた無明の闇の中にある。しかし、人間が生きながらに臨死体験によって自らの死を「見て」しまうように、プラスチックが地層になった遠い未来から現在を眼差す人新世の視点も、人類をその死へと向き合わせる。そう、人新世とは、滅亡と死に取り憑かれた時代なのだ。

この認識は人間が「地球にやさしく」「環境と調和」できるかどうかとは本質的に関わりがない。どんなユートピアを築いたところで、数万年の内には次の氷河期がやって来るし、数十億年後には太陽が膨張して地球を焼き尽くしてしまう。むろんこうしたことは、たとえ事実だとしても、日常とは関係のない杞憂である。けれども、病気や身近な人の死をきっかけにふと自分が死ぬことを考え、この人生に意味があるのかと思ったりするように、次第に減速しつつある近代社会の中に生きる人々は、無限ではなく有限のものとして、人類という存在を再認識しつつある。

氷河期や太陽の膨張と較べれば、気候変動という災害ははるかに小規模であり、生物としての人間を完全に滅亡させることはないだろう。けれども、これまで人間たちが没入してきた人類の進歩と調和の夢を醒まさせ、その外側にある「死」の冷え冷えとした広がりを告げ知らせる目覚まし時計としては、十分な性能を持っている。滅亡のベルは、21世紀の生活世界の隅々に鳴り響いている。

しかしながら、個々の人間がやがて死ぬように全体としての人類もやがて地層になる、という恐るべき真実は、つい先ほどまで進歩の眠りにまどろんでいた人々にとって、あまりにもショッキングである。危機が高まれば高まるほど、人間の持続可能性を保障してくれる物語に対する欲求も高まっていく。

左右問わず現代の社会規範と化したサステナビリティ――近年ではさらにそのラディカルなバージョンとして、絶えざる成長を前提とする資本主義からの脱却こそが、真のサステナビリティには不可欠だと主張する脱成長論が注目を浴びている――は、こうした物語の中でも最も広く受け入れられているものだ。さらに、これと対になる動きとして、資本主義をさらに拡大することによってのみ現状の課題は解決可能だと主張する、加速主義の立場がある。

これらの物語は、目指すべき方向性の違いはあるにせよ、いずれも「人間」なるものを前提とした上で、そのあり得べき滅亡を回避し、未来へと持続することを欲望している。ここで人新世が投げかける死と滅亡の可能性は、端的に解決すべき「問題」であっても、それ自体として思考する価値を持つ対象ではない。

けれども、人間も人類も、いつかは終わりが来るのだ。人新世が含意するこの真理を前に、私たちがある種の集団的な否認状態に陥っているのだとしたら、その要因の一部は死と人間についての思考のイメージの貧しさに由来するにちがいない。

人類の滅亡とは、スペクタクル映画で描かれるような劇的な死だけでない。第2章で見たように、マライタ島民にとって自らの生きる大地は、そのまま祖先が埋まる他界でもあった。人間の本質を死と向き合う能力に見出した20世紀の哲学者マルティン・ハイデッガーは、近代的な「個人」を超えた、歴史的な時空間の広がりの中に人間の本来のあり方を見出した。さらに彼の問題提起を受けた哲学者・歴史家のミシェル・フーコーは、近代的「人間」の誕生をもたらした歴史の地殻変動の中で、生命についての捉え方が、死を唯一絶対の境界線として見なす伝統的なものから、無数の小さな死と生の繰り返しを通じて絶えず生成する動的なものへと変化したことを論じている。

このように20世紀の人類学と哲学は、死を人間の終わりではなく、人間をその内側から他なる領域へと開いていく契機として捉え直してきた。この延長線上に、人類が死滅した人新世の荒涼たる風景も、かつては人間であったかもしれない人間ならざるものに満ちた、異形の新世界として想像し直すことが可能かもしれない。

資本主義の危機

少し前、株価がバブル以来最高値を付けたというニュースがあった。しかし、この日常はバブルの熱狂とはほど遠い。いくら株価が上がっても、キラキラした再開発ビルが建っても、もはやその「豊かさ」は一人一人の「幸福」と決定的にずれてしまっている。

不断の経済成長を追い求める資本主義は、人間の幸福と必ずしも結びつかないのではないか。主流派経済学の外部から投げかけられるこうした資本主義批判は、歴史的に決して新しいものではない。しかし現在進行中の気候危機は、もっぱら人間を起点としてなされてきた資本主義批判に、異なる次元を付け加えつつある。すなわち、人新世とは根本的に資本主義の問題であるとする「資本新世」論に代表されるような、現行の経済システムのあり方を自然と人類の持続可能性への脅威と見なす視座の登場である。

日本でこの議論が知られるようになったきっかけは、何といっても斎藤幸平『人新世の「資本論」』（2020　集英社）であろう。この本の中で斎藤は、人間と自然の物質代謝として経済を捉えた晩年のカール・マルクスの思想を読み解きつつ、無限の成長を前提とした資本主義の論理が自然と人間に対する過剰収奪、そして気候変動に行き着いたと論じている。資本主義の拡大をくい止めないことには、いくら技術的な対策を打ったところで無駄である。そのために必要なのは資本主義そのものの解体、つまり成長ではなく脱成長を前提とした新たな政治経済的な体制を構築することこそ、人新世における人類の急務なのである。そのように斎藤は主張する。

斎藤の議論は、あくまで資本主義というマクロなシステムの批判であり、その中で生きる一人一人がどのように脱成長を実現させるのかについては語っていない。その点を補完するのが、2020年に急逝した人類学者デヴィッド・グレーバーによる一連の現代社会論である。彼は人間社会における価値と権力の諸形態について考察してきた伝統的な人類学に立脚しつつ、資源を浪費する無意味な成長と個人の無力感が蔓延する現代的な状況を、より広い人類史的な視点から捉え直し、その不可視の側面をえぐり出してきた。

グレーバーは、なぜ私たちはかつて抱いていたような「未来」への想像力を失ったのかと問う。彼によれば、無限の進歩が信じられていた1960年代まで、人々は宇宙開発や原子力のようなテクノロジーによって自然を支配する未来を思い描いていた。ところがそのテクノロジーは、70年代以降にはコンピュータやインターネットのような、人間の内面や社会関係をマネジメントするために使われるようになった。そして、人々は空飛ぶ自動車の製造や火星探査に乗り出す代わりに、組織の「改革」や「可視化」に血道を上げる、内向きの時代が到来したのだ（デヴィッド・グレーバー　2017『官僚制のユートピア――テクノロジー、構造的愚かさ、リベラリズムの鉄則』、酒井隆史訳、以文社）。

こうした民営化や効率化を旗印とした新自由主義の浸透は、オイルショック以降に経済成長の鈍化に直面した先進諸国が、それまでの福祉国家体制の弊害を打破する取り組みであったと表面的には理解されている。ただ興味深いのは、実際には改革によって意味不明のポストが生まれ、増殖した大量のペーパーワークが全体の効率を落とすケースが多々あるにもかかわらず、効率第一であるはずの資本主義社会がそのことを問題にしていないという、きわめて逆説的な事態である。一体なぜなのか。ベストセラーとなった『ブルシット・ジョブ——クソどうでもいい仕事の理論』（2020　酒井隆史他訳、岩波書店）の中で提示されている「経営封建制」という概念は、この逆説をさらに展開、説明するものである。

数百年にわたり経済成長がほとんどなかった中世ヨーロッパにおいて発達した封建制は、生産者である農民から徴収した富を支配者間で分配するためのシステムであった。経済成長が鈍化した70年代以降の先進諸国におけるマネジメント・ビジネスの増大も同型の事態として捉えられる。富は労働者から経営者へと吸い上げられ、同時にそれをもっともらしく見せるために、さまざまな「廷臣」たちが周囲に配される。彼が「ブルシット・ジョブ」（クソどうでもいい仕事）と呼ぶ空虚でやりがいのないホワイトカラー業務は、経営封建制の中で構造的に作り出されている。

しばしば高給取りであるブルシット・ジョブが、当事者にとってどうしようもない苦痛である根本的な理由は、本当はクソどうでもいいにもかかわらず、外部からの強制によって、いかにも意味があるかのように見せかけなければならないという事態が、その人にとっての自由の喪失に他ならないからである。ここで実際に追求されているのは効率化ではなく、上位者に従い下位者を従わせる人格的隷属のヒエラルキーなのである。

さらに、ブルシット・ジョブが破壊するのは人間の精神だけではない。リーマン・ショックの引き金となったサブプライムローンは、低所得者向けの住宅融資であった。支払うあてもないまま建てられ、一瞬で廃墟となった何万棟もの住宅を造るために、熱帯の木々がどれほど切り倒されたことだろう。ブルシット・ジョブの暴力は、人間の内なる自然と外なる自然をともに荒廃させるのだ。

ならばブルシット・ジョブからの解放は、私たち一人一人を精神的暴力の連鎖から解放するだけでなく、見せかけの進歩の下になされてきた自然に対する暴力的な収奪からの脱却、そして持続可能な経済システムを実現させるのだろうか。グレーバーの議論に従うならば、わざわざ資本主義の成長を止めるまでもなく、資本主義はある意味ではすでに止まっている。無限の成長を謳う資本主義を別の視点から見れば、身内で略奪品を分配する際限のない円環である。だとしたら前者を後者へと反転させ、社会的な「共《コモン》」へと開く革命も可能なのではないか。

ただし、見せかけの成長から脱成長社会への移行には、大きな落とし穴が潜んでいる。注目すべきは、グレーバーがあくまでブルシット・ジョブの認定基準を「当事者にとって耐えがたいこと」に置いていることだ。なぜグレーバーはこのような一見主観的であやふやな基準をとったのか。

その理由を端的に言うと、他者に対してブルシット・ジョブを指摘することは、新しいブルシット・ジョブを作ることと識別不能であるからだ（このことは「改革」を旗印に組織を引っかき回すコンサルを見れば明らかである）。だとしたら、20世紀の革命が幾度となく証明してきたような、暴力の廃絶がさらなる暴力の再生産に転じる事態を防ぐために、ブルシット・ジョブからの解放はあくまで一人一人の自覚に基づく自発的なものでなければならない。明示的に語られているわけではないが、強制的権力を何より嫌うアナキスト・グレーバーがあえて主観的な基準にこだわった背景には、こうした理由があったはずだ。だからこそ、ブルシット・ジョブから本当に解放されるための方策として彼が唯一提示するのは、あらゆる人が働かなくても生きていけるような全面的ベーシックインカムの導入、つまり「無駄」とそうでないものの識別が不可能になるほど過剰な豊かさの実現という、半ば冗談のような挑発的主張である。

中世がそうだったように、人間は別に経済成長なしでもやっていけるだろう。ただし、その転回には危険――それまで自然に向けられていた暴力が、人間へと内旋し、他者の非人間化をもたらす――が伴っている。そして、現代社会は一面でその方向に進みつつあるように思われる。

後期近代における資本主義の変質＝経営封建制化と、現在提唱されている資本主義からの脱却を、断絶ではなく一連なりの事態として見てみよう。資本主義の外皮の下で社会主義革命の萌芽が育つように、現代資本主義はすでにその内側で脱成長へと突入している。瀰漫《びまん》する先細りの予感の中では、誰もがすでに持っているものを守るだけで精一杯で、あふれる豊かさや労働からの解放など夢物語だ。SNSを開けば、他者を否定し支配することに自己の存在意義を見出す、毒気に満ちた言説で満ち満ちている。この社会の表と裏が入れ替わった（レボリューション）とき、いったい何が起こるのか。国家を、会社を、自分を持続可能にするため、一体何が「無駄」として名指しされ、死の中に遺棄されるのだろう。

この暴力の連鎖から離脱する道は、現にある構造的不正義を横目に見つつ、ただ一人、ブルシット・ジョブから離脱するだけなのか。

地球と人類のスペアを作る

衰退してゆく世界でいがみ合う人々が、再び未来への希望を持って前進するために、人類は今一度フロンティアを切り開く必要がある。そう考える人々は、資本主義の減速・

停止ではなくむしろ加速こそが、人新世を生き抜くためには必要だと主張する。その代表格は、なんといってもテスラやスペースXの創業者として知られるイーロン・マスクだろう。彼が2002年にスペースXを創業したとき、会社の理念として据えたのが「人類をインタープラネタリー・スピーシーズ（複数の惑星に居住する種）にすること」であった。弱小ベンチャーでしかなかったスペースXが、将来の火星航行を見据えた自社ロケットのロードマップを発表したとき、誰も本気だとは思わなかった。けれども昨今ではむしろ時代が彼の方に追いついてきている。

最初の宇宙ロケットが大陸間弾道ミサイルの転用であったように、20世紀の宇宙開発は基本的に東西両陣営の軍事的対立の副産物であった。このため冷戦崩壊後にスポンサーであった国家が関心を失うと、宇宙開発は失速した。ところが21世紀に入ってから、今度は民間主導で再び宇宙への新たな投資が行われるようになってきた。興味深いのは、この新たな宇宙開発競争の背景として、特に技術的ブレイクスルーがあったわけでも、宇宙空間への商業的需要が高まったわけでもないということだ。むしろ、先行投資的に始まったビジネスが新たな市場を開拓し、それがさらに新たな投資を呼ぶという形で、現在の宇宙ビジネスの活況はもたらされている。

地球での発展が限界に達したいま、新たな資源の供給源として、環境汚染を一切考慮せずにすむ工業用地として、大気圏外の空間は魅力を増している。現在の商業的宇宙開発は大半が地球周回軌道の内側に留まり、そこで行われる活動もこれまでの地球上での経済活動を補助するものがほとんどだ。しかしその先には、宇宙空間での資源採掘や工業生産といった、宇宙空間独自の経済活動が構想されている。これらの構想が現実になるのは数十年、あるいは1世紀以上先のことかもしれないが、すでに国や企業間では先取競争が生じている。

日本の宇宙ベンチャーiSpaceによって2022年に打ち上げられた月探査機HAKUTOのミッションの一つは、月面で採取した砂をNASAに5000ドルで販売することだった。ただの砂のために大金をやり取りする人々は、もちろん酔狂でそんなことをやっているのではない。その目は、月面の大地の下に埋まるであろう莫大な鉱物資源へと向けられている。この契約は探査機の墜落により実現しなかったが、もし現実になっていたら、月面における資本主義の始まりを告げる出来事となっていただろう。自然に値段を付け、人工的システムの中で計算可能な資源へと転じていく資本主義の原初的蓄積のプロセスは、ついに地球外まで到達しようとしているのだ。

もちろん、こうしたことは現時点ではまだ絵に描いた餅の状態である。実現するかどうかも分からない構想にこれほどまでに人々が惹きつけられ、リスクを冒して投資をするのは、その物語に直感的に惹きつけられるものがあるからだ。マスク自身も、人類が火星に移住することは「それがあればこそ、朝、起きられる」（ウォルター・アイザック2023『イーロン・マスク　上』、井口耕二訳、文藝春秋、120頁）大いなる夢だと語っている。

たとえ彼個人には賛同できなくても、新たな朝を迎えるためには何らかの希望が必要だという言葉には、多くの人が共感できるはずだ。私たちは、毎朝の憂鬱をかろうじて振り切って仕事に行く。毎朝私たちをベッドの上に押しつぶす力こそが、このよどんだ世界の自重である。もし世界が再び前に進み始めるなら、重みは前に進むエネルギーへと転じるだろう。オリンピックも万博もその輝きを失ったいま、宇宙開発は残された数少ない「未来」の供給源だ。こうした集合的な欲望が、マスクや彼に続く資本家たちにとっては追い風となっている。

未知の領域に挑戦するとき、必ず付いて回るのが死の危険である。20世紀の第一次宇宙開発ブームにおいて、宇宙飛行士の死は進歩のための悲劇的な犠牲として意味づけられてきた。これは、宇宙に行く人間がごく少数のエリートであり、大多数の人々にとって自分事ではなかったからできたことだ。だが数万人、数十万人規模のコミュニティを月や火星に作るとなると話が違う。火星開拓は極めて難しく、その過程では死者も出るだろうとマスクは認めている。この構想は、地球に暮らす普通の人が、自らの判断で死の危険を冒すという事態を前提としているのだ。宇宙開発には犠牲がつきものだが、死者が出ることを織り込み済みで開発を進めるというマスクの非人間的な姿勢にはいささか驚かされる。

とはいえ、わずか100年ほど遡ればこの日本にも大勢のマスクがいた。水俣病の原因企業として知られるチッソは、その職工募集に際して「死ぬ危険がある」ことを公言していた（松村圭一郎 2023『小さき者たちの』ミシマ社、64頁）。この文言は決して大げさではなく、アセトアルデヒド製造工場の劣悪な労働環境の中では、実際多くの下層職工が労災で亡くなっている。それでも大勢の若者たちがチッソの求人に殺到したのは、彼らの故郷である九州南部や天草地方が耕地不足と人口過剰に苦しんでいたからだ。彼らは、足元のマイルドな地獄から抜け出し、チッソというもう一つの地獄に飛び込む「ワンチャン」に賭けたのである。

もしかするとマスクや彼のような資本家開拓者は、巨大な天草と化した現代の地球を脱出し、彼のユートピア／ディストピアに進んで身を投じる人々を待ち構えているのかもしれない。映画『ブレードランナー』の世界では、人造人間が宇宙開拓地で奴隷労働を強いられていたが、彼のもう一つの会社であるテスラ・モーターズは、まるで社会保障も労働組合もない19世紀の工場が再び現れたかのような、数々の法令違反や劣悪な労働条件で知られている。この延長線上に築かれる開拓拠点は、これまでに人間が直面したことのない恐ろしい大自然のただ中に浮かぶ「スペース蟹工船」になるのではないか。未知のフロンティアがかき立てる希望の裏には、そんな暗鬱な可能性が広がっている。

たとえ行き着く先がさらなる地獄でも、いまの地獄よりはずっとまし。かつてチッソの門を叩いた若者たちと同じく、世の窮乏が悪化すればするほど、そのように考える者は増え続ける。権力者はこれらの絶望に駆られた人々を利用し、フロンティアを前進させる。これは私たちがすでに『もののけ姫』において革命家エボシと、彼女のスポンサーたる唐傘連・天皇の関係において学んだことである。そして同様の事態は、かつてのアメリカ大陸や現代のアマゾニアなど、その時々の資本主義のフロンティアにおいて現実に起こっている。

ここで新たな問いが生まれる。『もののけ姫』においては、シシ神＝自然の秘密を暴き、その力で不老不死を達成するという権力者の願いが、フロンティアたるタタラ場を成立させていた。では、マスクと彼のスペース蟹工船の背後にある願いは何か。

それは、人類そのものの究極的なサステナビリティの追求である。マスク自身は、人類をインタープラネタリー・スピーシーズにするというその生涯の夢が、人類滅亡への恐れに由来していると語っている。彼の考えでは、いくら自然と調和した社会を作ったところで、たとえば隕石の落下、致死的なパンデミック、AIの暴走のような破局的事態が起こったとき、地球だけに人類が居住している現在の状況はあまりにも脆弱である。そうした桁違いの、しかし起こりうる破局による人類滅亡を防ぐためには、どこか別の空間に地球のスペア、人類のスペアをつくるしかない。ゆえにスペースXが火星を目指すのは、人類という種を保全する崇高な任務の遂行である。

一見ただの誇大妄想のようだが、近代西洋世界における「神の死」と人類の神格化という思想史的な背景を置けば、彼の考えていることは極端であっても決して不合理ではない。神による永遠の救済が信じられなくなった近代において、有限の人間の生が死を超えた意味を持つのは、人類という抽象的な集合体の永続的な進歩への寄与によってのみである。言い換えれば、現在の生が意味を持つために、人類は絶えず前に進み続けていなければならない。

哲学者ハンナ・アレントは、最初の人工衛星スプートニク1号の打ち上げ（1957）の翌年に刊行された『人間の条件』（ハンナ・アレント 1994『人間の条件』、志水速雄訳、筑摩書房）の中で、地球を離れたいという欲望に取り憑かれた近代人の、大地に対する疎外の深さを見て取った。彼女は言う。地球は人間が特別な装置なしに生きていける唯一無二の環境であり、人間にとっての根本的条件である。なのに、なぜ現代の人々は生まれ育った大地を離れ、危険な宇宙を征服しようという途方もない欲望を持ってしまったのか。

彼女によれば、その理由は近代という時代、特にその力の源である近代科学固有の世界理解の視点にある。近代科学は数学を媒体とした抽象的・非経験的な自然理解を積み重ね、人間に自然をかつてないレベルで支配することを可能にした。だがそのことで、人間は自らが生きる地球すらもいつの間にか地球外の視点から眺めるようになる。近代人は周囲とのつながりを見失い、自らにとってのかけがえのない住処であるはずの大地は、脱出すべき牢獄へと転じてしまったのだ。

地球外からの視点を内面化し、人間の条件たる大地から脱出しようとする近代人の欲望は、宇宙開発に留まるものではない。人工生命、アンチエイジング、人工的な地球の気候のコントロール。これらはこれまで人間を作り上げてきた所与の条件を否定し、人間自身の手で再創造しようという人間の願いの表れだ。依存しつつコントロールできない他者を、一方的に征服すべき対象としてのみ捉える近代人。その行き着く先は、あらゆる根を失ったニヒリズムである。

アレントの視座から見れば、進歩を加速させるマスクのような人々はもちろんのこと、それとは対極にある脱成長派の人々も、この罠に陥っていると言えるかもしれない。人が「自然と人間の調和」と言うとき、その調和を測定する秤はどこにあるのだろうか。調和の概念は、地球を観測する科学技術ネットワークや市場取引を監査する膨大な官僚的業務、これらの人工物によって客体化された「自然」と「人間」を前提としている。自然の征服も自然との調和も、どちらも目の前の現実を地球外の視点から眺める、近代人の世界疎外の構造の中にあるのだ。

弱いサイボーグ

減速による救済を主張する人々も、反対に加速による救済を主張する人々も、いずれも大地から切り離された「人間」を永続させ、その同一性を守ろうとしている点では共通している。ところが個々の人間はやがて死に、土になる。人類も同様だ。この事実に目をつぶったサステナビリティの推進は、弟を兄のスペアと見なすように、火星の人類を地球の人類のスペアと見なす冒涜的な発想に行き着き、当の人間の尊厳を破壊する。ならば、その「人間」の滅亡、あるいは分解と正面から向き合うことで、ニヒリズムを脱却し、近代人は大地へと再び降り立つことができるのではないか。

『マツタケ』の著者アナ・ツィンと、彼女の盟友でフェミニズム科学論者のダナ・ハラウェイは、今日では「マルチスピーシーズ」（複数種）と呼ばれる越境的な学術運動の代表者と見なされている。2人の所属先であるカリフォルニア大学サンタクルーズ校は、半導体やインターネットなど世界のイノベーションをリードしてきたシリコンバレーにある。そうしたテクノロジー開発の背後には、マスクのような「自然を征服し、人類を救う」という（西洋中心主義的、男性的）神話が往々にして見え隠れしている。マスクの「インタープラネタリー・スピーシーズ」においても、人間とは常に未開の自然を征服し、過去の自己を超越していく開拓者として捉えられている。これに対しマルチスピーシーズの視点はそうした男性中心の文明が踏みつけ、なかったことにしてきたもの――自然、動物、先住民、女性、モノ――を召喚し、自然／文化の区分の上に成り立ってきた人間＝男性（man）像を、多様な存在との関係性の中に解体することを目指す。ハラウェイは『トラブルと共にあること――クトゥルー新世で類縁関係を作る（原題 Staying with Trouble: Making Kin in the Chthulucene）』（2016, Duke University Press.）の中で「コンポスト」（compost）の概念を提示し、近代の後（post）にさまざまな生物種と共に（com）生きる存在として人間を捉え直すことを提唱した。コンポストとは、自然を搾取し無限の発展を求める近代人が、まさに無数の虫や微生物によって分解される堆肥のように大地へと帰っていくという、新たな人間のイメージを具現化するものである。

それではコンポストとしての人間は、いかにして具体的に想像できるのか。その切り口になるのが『トラブルと共にあること』の中核的主張として提示される「子供ではなく類縁関係を作ろう」(make kin not babies) という標語である。

すでに述べたように、神様や天国が信じられなくなった近代人にとって、自分の死というのは剥き出しの恐怖であり、だからこそ自分の子供や人類という種の存続が何よりの救いとなる。この恐怖に突き動かされた人類が子供を作り続けると、地球は人間であふれかえる(ちなみに、人類の持続という強迫観念に囚われたマスクは、同様に自分の意識が失われる恐れから、複数の女性との間に子供をもうけている)。

人口増加と経済成長は人間の領域を拡大させるが、その一方で、他の動植物や人間ではないとされた人間(先住民、マイノリティ)の領域が圧迫され、生態系は劣化する。その先にやってきたのが、当の人間そのものの生存すら危うくなる人新世の到来だ。この時代において必要なのは、近代的個人を解体した先にある、新たな「人間」を構想することだとハラウェイは考える。この未来の人間をめぐる寓話として、『トラブルと共にあること』の最終章では、「カミーユ」という名を代々受け継いだ人間と非人間の共生体が紡ぐ、5世代（約400年間）にわたる物語が描かれている。

21世紀初頭、深刻化する環境危機のただ中、世界各地で「コンポストの共同体」が設立される。これは近代がもたらした自然破壊と向き合いつつ、進行する大量絶滅に抗して複数種との共生を目指すアソシエーションの総称である。その中の一つ、アパラチア山脈の鉱山跡地に2020年に作られた共同体で、第一世代の「シム」（人間と非人間の共生体）カミーユは誕生する。その遺伝子にはオオカバマダラというチョウの一種が組み込まれており、皮膚はチョウと同じ黄色と黒で、さらに蜜を湛えた花や産卵に適した葉のありかを示す化学物質の感知能力が備わっている。

けれども、同じ昆虫と人間のサイボーグである仮面ライダーとは違い、この異能は超人の証しではない。むしろ、タトゥーや整形のように個体の生存には役立たない無用の長物である。それは、人間が世界に働きかけるのではなく、人間が世界に働きかけられる行為という意味で、現代美術におけるある種のパフォーマンスやインスタレーションにも似ているかもしれない。彼の能力は、人間以下の存在に気づき、それらとの愛に満ちたケアの関係を築くために付与されたものなのだ。歴代のカミーユたちはそれぞれが人間と異なる動物種を橋渡しする存在であり、生涯を通じてその保護と（絶滅後は）哀悼に従事する。コンポストの共同体とシムが増え続けることにより、人類の出生数はゆっくりと減少してゆき、第5世代目のカミーユが死ぬ2425年には、世界人口は30億(10億のシムと20億のノンシム)という持続可能なレベルに達する。

「コンポスト」は日本語の「堆肥」が持つ自然や土着といったイメージからほど遠い、人工的テクノロジーによって作り出された異形の自然だ(ハラウェイの「コンポスト」概念の未来主義的な文脈については、以下の論考を参照のこと。吉田航太 2023「「堆肥」が示す人間の未来――インドネシアのゴミ処理装置とダナ・ハラウェイ」『webゲンロン』https://webgenron.com/articles/article20230913_01#yoshida010)。人間を減らすためにバイオテクノロジーで改造人間を作ることを提唱するハラウェイは、まるでSFに出てくるマッドサイエンティストである。他方、同じカリフォルニアでは、SF小説を愛読する起業家やエンジニアたちが、そこで描かれた他惑星への植民や脳とコンピュータの直結を現実のものとすべく、日夜働いている。両者はともに、フィクション/ノンフィクションを混交させ、非人間と人間が混交する未来の世界を制作している。

ハラウェイが提出した概念の中で最もよく知られているのは「サイボーグ」だろう。「自然」や「人間」を称揚しテクノロジーを否定するそれまでの人文学的な批判に対し、実験生物学者としての出自を持つ彼女が主張したのは、たとえば裸眼でものを見るという「自然」な経験すらも、哺乳類固有の視覚システムという「機械」に媒介されているよ

オオカバマダラ
(©Derek Ramsey/derekramsey.com/Licensed under the GFDL by the author)

うに、人間はつねに／すでにサイボーグであるということだった（ダナ・ハラウェイ　２０００『猿と女とサイボーグ——自然の再発明』、高橋さきの訳、青土社）。テクノロジーは人間に対立する冷たく客観的なものではなく、人間なるものを内側から構成している人間以前の力なのだ。
　こう聞くと、この人間以前の力と人間が関係を取り結ぶことで、人間以上のポストヒューマンが生まれると想像してしまうかもしれない。ハラウェイのサイボーグも、こうしたポストヒューマニズム的な文脈で理解されることが多い。けれども「人間を超える」という言い方は、ベースとなる人間と付加される人間でないものが識別できるという前提を伴っている。人間がその外部にある非人間を支配するという近代的な世界疎外の図式は、ヒューマニズムからポストヒューマニズムへと引き継がれているのだ。

だからこそハラウェイは、人間を拡張し強化するためにテクノロジーを使うポストヒューマニズム、あるいは「強いサイボーグ」に対して、テクノロジーによって人間を引き算し、人間以下の存在へと格下げした「弱いサイボーグ」をぶつける。カミーユの物語は、人間を大地から引き剥がす近代の世界疎外を反転させ、テクノロジーと人間の別様な関係を想像させる対抗物語にして、新たな世界構築の可能性を解き放つ、ユートピア的な政治の実践である。

いや実際、それと気づいていないだけで、私たちもすでにカミーユのように人間をやめたり、人間以外の何かとつながる存在になりつつあるのではないか。1980年代以降の先進諸国ではホワイトカラー労働者のメンタルヘルス問題が深刻化し、抗うつ薬によってかろうじて働くことのできる薬物人間が増殖している。また出生率が人口の持続可能性を下回って久しいこの国では、それと比例するかのように人間ではなく猫を伴侶とする人々が増え続け、ある意味では人間より猫が上位にある社会が形成されつつある。ブルシット・ジョブで人間性を殺され、薬やエナドリ、猫動画でかろうじて生き延びている現代人に、全身シマシマのカミーユを気持ち悪いとか言う資格はない。

こうしてみると「子供ではなく類縁関係を作ろう」というハラウェイの標語は決してとっぴなものではない。現在のデータを元に未来を予測する外挿法は、文学ジャンルとしてのSFの古典的なテクニックである。彼女は現代世界に外挿法を適用し、その誇張された自画像を取り出して見せたのだ。すでに人間のパートナーではなく二次元キャラクターや飼い猫との同棲・結婚を選択する人々は存在している。「人間」という存在は、これまでもこれからもマルチスピーシーズな複合体であり続けるであろう。

ナウシカからカミーユへ

実はカミーユの物語には、その重要な部分に私たちがよく知る別の物語が組み込まれている。宮崎駿が1984年に劇場アニメとして公開し、その後も94年までマンガとして連載した『風の谷のナウシカ』である。シムとしての運命を背負って生まれた第一世代カミーユは、両親や他のシムとの種レベルでの断絶に苦しんだ。人々が忌み嫌う腐海の生態系に分け入り、蟲と人の宥和に身を捧げる救世主というナウシカのキャラクターは、思春期のカミーユにとって人生のロールモデルとなるものであったという（Haraway

前掲書)。カミーユの物語に、補助線としてナウシカの物語を重ねてみよう。2つの物語が交差する先に、人新世において人間であるとはどういうことか、その倫理が見えてくる。

人々が忌み嫌う腐海の生態系に分け入り、蟲と人の宥和に身を捧げる救世主としてのナウシカは、1984年のアニメ版によって広く知られている。身を挺して王蟲の暴走を止めたナウシカ。その姿に感動した人々は、腐海を焼き払うことをやめ、残された大地に木を植える。このイメージは、核戦争によるアポカリプスという冷戦期の同時代的な主題を共有しつつ、「自然との共生」を掲げた同時代のエコロジー運動とも共鳴するものであった。

ところが映画公開後も断続的に描き継がれ、冷戦崩壊後の1994年に完結した原作マンガにおいて、この出来事は序盤の一エピソードに過ぎない。発掘された巨神兵の力を我が物にしようとするトルメキアと土鬼の二大大国は、やがて全面戦争に突入する。両者の争いに巻き込まれたナウシカは、繰り返される殺戮と対立を必死で調停しつつ、やがてその背後に巨大な陰謀の存在を感知する。

その全容が明かされるのが、物語の掉尾となる単行本第7巻である。自らがその「母」となった巨神兵オーマを引き連れ、陰謀の根源たる土鬼の聖都シュワを目指すナウシカは、ふとしたことから旧人類が築いた楽園「庭」に迷い込む。庭の管理者たる不死の人工人間は、彼女に以下のような事実を語る。まず腐海とは、文明の行き詰まりの果てに最終戦争を起こした人間によって、地球を浄化するために作られた人工的生態系であって、その寿命は汚染されていない自然（「青き清浄の地」）が蘇るまでの数千年間である。次に、ナウシカら現生人類は、最終戦争後の汚染された環境に合わせて身体を改変されており、浄化後の世界では息をしただけで死んでしまう。絶望的な状況の中で唯一残された希望であった「青き清浄の地」の回復は、現生人類の滅亡と引き換えに達成される。

さらに聖都シュワでは、浄化計画の実行役である人工生命体「墓所」が、計画の最終的な目標——汚染には適応しているが、それ以外の性質は以前と同じく凶暴である現生人類を、穏やかで賢い新たな人類へとゆるやかに置き換える——を明らかにし、ナウシカに協力を要請する。来るべき救済の日まで、人々に「青き清浄の地」の神話を信じさせるため、彼女には「救世主」を演じてほしい。戦争によって腐海の拡大が加速し、人類の滅亡へのカウントダウンが近づいたいま、この計画だけが残された唯一の希望である、と。しかし彼女はその申し出を拒否し、オーマに命じて未来の人類もろとも墓所を破壊する。

墓所は秘かに過去の呪われたテクノロジーを流出させ、権力者の争いをかき立てることで人類の自滅と腐海の拡大を促進していた。その旧人類に対する嫌悪は深く、「青き清浄の地」へと受け入れるという約束を信じるべき証拠はどこにもない。けれどもこの悪魔と契約しなければ数千年後に人類は確実に滅びるのである。なぜナウシカはみんなの未来を閉ざすような、常識的に考えてあり得ない選択をしたのか。

社会哲学者の稲葉振一郎は、人間の共同体の内にある行為としての「政治」ではなく、その手前にある一人一人の人間の「倫理」の問題として、この決断を読み解く（稲葉振一郎　1996『ナウシカ読解――ユートピアの臨界』窓社）。稲葉によれば、あらゆる政治は特定の価値への志向、言い換えればユートピアの構想を伴っている。そのユートピアの構想が自他の区分なく適用される普遍的イデオロギーと化したとき、人類救済計画が現生人類の抹殺へと転じたように、それは恣意的な暴力と区別が付かなくなる。根本的な問題は、あらゆるユートピアが個体的、歴史的な倫理の次元に出自を持つにもかかわらず、それが忘却され、政治へと一般化されてしまうことにある。

だからこそ「人間の意図にかかわらず端的に存在し、向こう側から偶然にやって来て、人間が抱く構想としてのユートピア主義の方を逆に審問に掛ける、言わば「他者」」（稲葉　前掲書、131頁）としてのメタ・ユートピアへの開かれこそが、有限の地平で決断を下さざるを得ない政治という行為の中に、そこで不可視化され、未来を奪われた者の存在を再び取り戻す上で、決定的に重要である。

ナウシカの決断を政治の次元で見れば、生き延びたいという（おそらく）大多数の人々の願いを踏みにじっている点で、人類のゆるやかな抹殺を企む墓所と同じくらい恣意的な暴力が行使されている。他方、倫理の次元で見ると、この決断によって人類は過去の人間によって定められた特定の政治的ユートピアへの呪縛から解き放たれ、その未来を取り戻したのだと言うことができる。

ただし、この政治＝倫理によって切り開かれた地平の先は、ナウシカの物語では語られていない。この先にあるのは滅びしかないと脅迫する墓所に対し、ナウシカは「それはこの星が決めること」だと返す。20年後、ナウシカの物語を入れ子状に包含しつつ生成するカミーユの物語は、この瞬間を出発点とするポスト・ナウシカの物語だ。

人新世を生きる21世紀の人々にとって、墓所の主が語ることはすでに予期されている。帰るべき自然などもはやなく、人類は遅かれ早かれ滅ぶことは、とうに共通感覚となっている。そしてこの行き詰まりの認識と対位法を描くように、集合的には現状維持（サステナビリティ）の政治が進行している。人類の行き詰まりを知りつつ日常を続けざるを得ないという、ラストシーン後のナウシカが抱えるジレンマは、現在の私たち一人一人の倫理と政治の基盤である。

一人自室でナウシカを読むカミーユ。その憂鬱な肖像の向こうには、リストカッター、うつ病患者、自爆テロリストなど、現代社会の底辺に追い込まれた人々のイメージがちらつく。マジョリティのために「なかったこと」にされたマイノリティに、残された表現手段は暴力だ。自爆テロとオーバードーズは、その暴力が他者に向くか、自己に向くかの違いでしかない。絶望の中で人間をやめようとするこれらのカミーユたちを、コンポストの政治＝倫理は救済しようとする。まだ生まれてこない子供の遺伝子を蝶と混ぜ合わせて一代雑種を作ることは、誰にも知られず人類の滅亡を選択するナウシカと同じように、恣意的で政治性をはらんだ暴力である。だがこの暴力は既存の人間とその共同体を分解し、抑圧されてきた非人間的な他者の方へと私たちを再生成する。

人新世が突きつける避けがたい死と滅亡の認識を他者への生成へと置き換え、そこで生まれる倫理を基盤として、人類の不滅という自己同一的イデオロギーに代わる、多種多様な「人間」たちからなる新たな政治の可能性を開くこと。カミーユの物語は、20年の時を経て、このような仕方でナウシカの物語を引き継ごうとしていると言えるかもしれない。

人類の自己超越やサステナビリティが華々しく喧伝される影で、それはすでに人ならざるものへ向かって内的に解体しつつあるのだとしたら、このさまざまな人ならざるものの住まう領域について考えることが不可欠だろう。人間という概念を内側から切り開いていったのが本章であるが、次章ではその対となる自然の方から同じ事態を捉え直してみたい。

第7章

自然の変容

始原の庭

人間と自然の関係は、自然の上に文化を構築する人間の英雄的な営みでも、両者の予定調和的な共生でもない。進歩と発展のイデオロギーの下で行われた、過去の生物の死骸（化石燃料）を温室効果ガスに変換する人間生産活動が、地球規模での環境の激変をもたらしたように、人新世における自然とはかつての人工物の廃墟である。そして今もなお、マツタケやスーパーラットのような未来の自然が不断に産み出されつつある。

ここから行いたいのは、人新世という現在進行中の廃墟をまた新たな自然として眼差し、そこに住まう未来の私たちを見出すことだ。そのキーワードは「庭」である。

日本語の「庭」には歴史的に2つの層がある。現代人が庭という言葉から連想するのは、草花や小人の人形が配置された一戸建てや、刈り込まれた木々の間を錦鯉が泳ぐ旅館の中庭のような、人工的に手が加えられた景観だ。しかしより古い用法では、たとえば「戦の庭」（＝戦場）「市の庭」（＝市場）のように、そこで何かが起こる「場」というニュアンスが前面に出てくる。卒業式の定番ソング「仰げば尊し」の歌詞の一節「教えの庭」

（＝学校、教育現場）は、現代における数少ない残存例である。

実際の庭づくりのことを考えてみれば、この2つの意味は決して矛盾するものではない。ガーデニングを始める人は、理想の庭の姿をあれこれ思い描きながら、その構想に従って景観を造成する。こうして自然の一部をデザイン的な意図の元で囲い込むことにより、その意図から外れた自然が、たとえば「雑草」の侵入という形で現れる。また、現実にはあり得ない植生や景観の取り合わせは、春に桜、冬に雪景色といった形で毎年の季節の巡りをよりはっきりと可視化する。庭は自然と対立する文化であると同時に、その中に自然を招き入れる舞台でもあるのだ。

この庭が持つ両義性を端的に表現しているのが、フランスの作庭家ジル・クレマンによる「動いている庭」である。人間の初期構想に従って自然をコントロールする西洋の伝統的な作庭術とは違い、「できるだけあわせて、なるべく逆らわない」（ジル・クレマン2015『動いている庭』、山内朋樹訳、みすず書房、148頁）をモットーとする彼の庭造りでは事前の計画はない。まず庭となる場所――クレマンは線路際や耕作放棄地のような荒れ地で作庭することを好む――の植生と地形を調べるところから始まる。その上ですでにある草叢の一部を刈り込み、人が草木を眺めることができる空間を作る。この最小限の人為的行為によって、自然を庭として切り出す枠がつくられるのだ。刈り込まれた草叢は自然の植生推移に任されるため、翌年にはまた違う草花が生え、庭は絶えず姿を変える。

2つの庭の違いを概念的に考えてみよう。伝統的な庭造りは「自然＋人工＝庭」だ。これに対し「動いている庭」では、「自然－人工＝庭」という等式が成り立っている。どちらもできあがった庭が元の自然そのままではないことは同じだ。「動いている庭」でも、草叢を刈り込むという行為によって、ちょうどギャラリーのように、観客が草花を美的に鑑賞できる距離が確保されている。しかし「足す」テクノロジーと「引く」テクノロジーは、自然と人間をそれぞれまったく異なった仕方で媒介する。

クレマンの庭は現代世界においてはあくまでマイノリティだ。しかしこれと同様な自然と人間の関係を基盤とする人々が、メラネシアには存在する。

農業という言葉で、私たちは人間が土地を積極的に「耕す」営みを想起する。水路を作り、大地を掘り起こし、肥料を撒き、除草し、刈り取る、等々。このような小麦や米などの単品種が大量に栽培される畑を英語では「フィールド」(field) と言うが、これに対しメラネシアの畑は「ガーデン」(garden) と呼ばれる。私がメラネシア地域について勉強を始めたとき真っ先に面食らったのは、現地の農業についての記述で「ガーデン」という言葉が頻出することであった。その不思議な感覚は、辞書を引いて「ガーデン」が「菜園」という意味も持つということを知った後でも消えなかった。

この疑問は、実際にメラネシアの畑を見たときに氷解した。２０１７年にはじめてマライタ島を訪れた私は、州都アウキの近郊に住む70代女性ネリーに案内され、彼女の畑を訪れた。自動車道路から逸れて藪の中の細道をしばらく進むと唐突に視界が開け、バスケットボールコート1面分くらいの空間が現れた。地面にはサツマイモの蔓が這い、その上を人の背丈を超えるほどのキャッサバやヤムイモ、パパイヤが生い茂っている。その先に見えるのはココヤシやパンノキなどの樹高数十メートルの高木だ。

「ほら、そのタバコを踏むんじゃないよ」。ネリーの言葉に立ち止まると、確かにキャッサバの足元に巨大な葉を持つタバコが植わっていた。見慣れた単一品種栽培の畑と違いさまざまな植物が混在し、何がどこに植わっているのか一見して分からない。一歩踏み出すごとに新たな風景が現れるメラネシアの畑は、私がこれまで知っている「畑」というより、むしろいささか手入れの悪い庭を思わせた。

人類学者のクリフォード・ギアツが焼畑を「熱帯林の巧妙な模倣」と評価したように、まるで庭のように多種多様な有用植物が雑然と植えられた熱帯の畑は、元あった熱帯林の生態学的な構造をそのまま引き継ぐ形で営まれている。「焼畑農法」という言葉には「やり逃げ」という悪い意味がついてしまっているが、実際の熱帯地域の焼畑農耕は自然に対して最小限の働きで作物を生産するきわめて効率的な農業である。切り倒した草木を燃やした灰を肥料とするため下肥や化学肥料を使わなくてもよいし、鋤やトラクターで全面的に耕すのではなく、作物の植え付けに必要最小限の部分だけを棒で掘るため、土壌へのダメージも少ない。

こうした熱帯の焼畑技法は、生態学的な条件に最適化されている。熱帯では落ち葉や枝などの有機物の分解が急速に進むため、温帯のように分厚い腐植土が形成されることがない。鬱蒼とした熱帯林を見ると熱帯の自然は豊かだと思ってしまうが、それは森の養分の大半が地表に植物の形で存在するからである。こうした場所では、土地を耕さず地表の植物を焼いて養分に変える焼畑農耕は、原始的どころかしごく合理的な農業である。

熱帯の焼畑と熱帯林の類似性は、これだけに留まらない。畑を作るために森を切り開く人々の営みも、森そのものの生まれ変わりのプロセスと並行している。数十メートルの高木が林立する熱帯林は、生態系としてこれ以上の変化が起こらない極相状態にある。古い木々が日照を独占しているため、地面で芽吹いた新たな種は成長途中で死んでしまう。ところが何らかの原因で高木が倒れ樹冠にギャップが創出されると、地面に日光が届き新しい草木が芽生えることができる。焼畑もまた、これまで巨大な木々に独占され

ネリーと彼女の畑

ていた森の力を別様に解き放つ、人為的なギャップ創出である。切り開かれた土地は収量が落ちるまで数年間利用された後、そのまま放棄される。その植生回復のスピードは驚くばかりだ。わずか3ヶ月ほどで地面は藪に没し、さらに10年も経てば直径30センチ以上の立派な木々が育っている。

一度耕作に使った土地のことをファタレカ語で「フリ・ナ・アリシウ」（焼畑の跡）と言う。こうした場所をドローンで上空から見ると、少しずつ植生の度合いが異なる空き地が山の斜面にサッカー場数面分の大きさで広がっているのが分かる。一つの家族が移動耕作を数十年続けると、痕跡がぽっかり開けた空間として森の中に刻まれる。それはまるで、巨大な軟体生物が這った跡のようでもある。

現在マライタ島では東南アジアから進出した業者による森林伐採が拡大している。その伐採跡地もある意味では巨大な「フリ・ナ・アリシウ」である。キャタピラー跡が残る地面は、瞬く間に近隣のギャップから飛来した先駆種によって覆い尽くされ、その日陰で成長の遅い極相種の木々が育っていく。熱帯林伐採は自然破壊の代名詞のように言われるが、少なくとも現在の調査地で起きていることは、サイクロンや焼畑と同じくギャップ創出による森林再生のメカニズムの一部であるように思われる。

このように人々が向き合う自然は、決して同じものの繰り返しではない。もともと熱帯林は、温帯や亜寒帯のようにマツやスギなどの単一種が優勢することはない。ギャップが形成される時期や場所によって、それぞれ異なる種が組み合わさったパッチができあがり、それが延々とモザイク状に広がっている。さらに森林伐採事業後の土地では重機に付着して持ち込まれた外来種が芽吹き、伐採のために建設された林道沿いには新たな焼畑が続々と誕生する。

熱帯の小さな島の上で、森と人のモザイク模様はその色と形を変えながら続いてきた。そして何千年もその中で暮らしてきた人々は、人ではなく森の視点から森を見ることを知っている。自然災害や開発など人間の目に「破壊」と見えるものも、森にとっては「再生」の瞬間である。ギャップが作られるたびに世界は部分的にリセットされ、その度に少しずつ姿を変えていく。マライタ島の熱帯林は絶えず移り変わる巨大な庭であり、人々はその中に住まうのだ。

バロック庭園と実験室

クレマンの庭やメラネシアの焼畑耕作では、自然に手を加えて人工的秩序を作るので

「フリ・ナ・アリシウ」

はなく、自然を切り出し延長することを通じて庭という人間的世界を作っていた。このような自然との関わりの対極にあるように思えるのが、科学技術を通じて眼差される地球だ。

現在世界各地で起きている異常気象に対し、人々は「近頃何となく暑い」とか「暴風が増えた気がする」といった感覚を抱く。だがこれらの知覚が個々バラバラなものに留まる限り、そこからそれ以上の知見を導き出すことは難しい。世界中からさまざまなデータを取り集めて分析する近代科学の営みを通じて、はじめて人は個別の異変の背後にある地球そのものの変化を知覚することができる。

中でも戦後急速に発達した宇宙探査技術は、人間が地球について持つ知識の質・量を飛躍的に増大させた。大気圏外を周回する人工衛星は、地上のあらゆる国境や地形を超えた抽象的な実験空間を作り上げ、地球を一個の巨大な相互作用系として捉える地球システム科学という新たな学問分野を成立させた。その人工的な編目の中に現れたのが、人新世という異形の自然だ。大気中に温室効果ガスを排出してきた人類は、知らず知らずのうちに地球全体を対象とした科学実験を始めてしまっていたのだ。

過酷化する気候や生物種の大量絶滅といった事実を前にして、さらに人間が地球環境に対し積極的に介入すべきではないかという声が上がる。人新世概念の提唱者クルッツェンが主張するのは、大気圏上層への微粒子の散布によって日光を遮断し温室効果を抑える気候工学である。いま私たちに残された可能性は、無自覚に始めてしまった実験を引き継ぎ、（良い結果をもたらすことを祈りつつ）さらなる介入を行うことだけ、ということだ。

こうした動きを推進する科学者は、しばしば地球は人間にとって巨大な庭、オープンエンドな実験室となったと言う。ここで使われる「庭」「実験室」という言葉には、地球はもはや手付かずの自然ではなく徹底的に人工的な空間となった、という前提が込められている。

近代科学による自然支配がもたらした問題は、自然をさらに徹底的に支配することで解決できるのだろうか。進歩か、死か。科学が私たちに突きつける脅迫的な二者択一から逃れる道を、科学そのものの起源に探ってみよう。

17〜18世紀の西洋は、バロックと呼ばれる時代に区分される。秩序と調和を理想としたルネサンスに対し、「歪み真珠」を意味するバロックは、宗教改革以来ヨーロッパ全土を覆った政治的・宗教的混乱の中で、理念と現実の狭間に引き裂かれた時代である。シンプルな方程式によってあらゆる運動を記述可能だと考えたアイザック・ニュートン、身体と精神を切り離し世界認識の絶対的起点としての「我思う」を打ち立てたルネ・デカルト、戦争状態からの自発的な社会契約としての国家を構想し絶対王政への道を開いたトマス・ホッブズといった人々によって、神とカトリック教会を中心とする中世的な秩序が崩壊した後、人間の理性に基盤を置いた近代の基本的なフォーマットが形成されてゆく。

この時代の庭園もまた、幾何学的に構築された超人工的な空間である。広大な平面に整然と道が引かれ、一つひとつのグリッドに押し込まれた木々や草花は、自由に枝を伸ばすことすら許されない。現代人の目には庭園というより、合理的に設計された工場や機械のように見える。実際、ルイ14世によって築かれたヴェルサイユの庭園は、セーヌ川から水を引く巨大な揚水装置によって駆動されるいくつもの噴水で彩られていた。一般民衆にも開放されていたこの庭は、自然を意のままに制御する王の絶大な力を人々に体感させ、自らもまた王国の理性的秩序の一部であることを知らしめる、臣民教育の装置としての働きも持っていた。

このような来歴を持ったバロック庭園は、これまでの庭園史の中ではもっぱら啓蒙主義と絶対王政という時代精神の反映、理性の専制に基づく人工的秩序の極みとして評価されてきた。対して18世紀終わりから19世紀にかけて流行したロマン主義文学は、理性ではなく個人の内面的な衝動や成長に焦点を当て、そのありのままの姿を描写しようと

1740年に完成した初期風景式庭園の代表作、ストウヘッド庭園
(Lechona/Licensed under the GFDL by the author)

した。同時期の庭園でも、バロック庭園のように理性によって自然を秩序化するのではなく、現実の自然の風景の模倣を謳うイギリス風景式庭園が主流となる。この美学はさらに産業革命後のイングリッシュ・ガーデンとして引き継がれ、今や世界中を席巻している。現存する初期の風景式庭園が、堅苦しいバロック庭園とは対照的な「自然さ」や「安らぎ」を感じさせるように、人々が自然として想像するイメージは、ロマン主義とその庭園の美学に由来する。

しかしながらバロックという時代の深みは、理性の専制というだけにとどまらない。ニュートンが錬金術に熱中し、デカルトが「我」を欺く悪霊の存在を疑ったように、そうした理性的秩序の下には常に情念や非合理性が蠢いていた。この時代からは、後の時代からは見えなくなってしまった、科学のもう一つの可能性を見て取ることができる。

この理性と反理性の緊張関係はバロック庭園の構成にも反映されている。ニュートンとほぼ同時に数学の微分法を発明したことで知られているドイツの哲学者ゴットフリート・ライプニッツは、自らが仕えたハノーファー宮廷のためにヘレンハウゼンというバロック庭園を設計していた。文化史家のホルスト・ブレーデカンプによれば、彼が造った庭園と、モナドロジーと呼ばれる彼自身の哲学の間には、ある種の呼応関係があるという（ホルスト・ブレーデカンプ　２０１４『ライプニッツと造園革命――ヘレンハウゼン、ヴェルサイユと葉っぱの哲学』、原研二訳、産業図書）。ある有名なエピソードによれば、ライプニッツはある時自らがデザインした庭園を散策していて、「まったく同じ2枚の葉を見つけてみせる」と息巻く一人の若い貴族と論争になったという。若者は庭園中の葉っぱを探し回ったが、ついに見つけることができなかった。厳密な幾何学的均衡の法則に従って刈り込まれた木々は、その人工的な等価性の上に、かえってどんな2つの葉っぱも決して同一ではないという事実を露呈させるのだ。

ここからライプニッツは、世界の中で識別可能なものは互いに異なる存在である（別

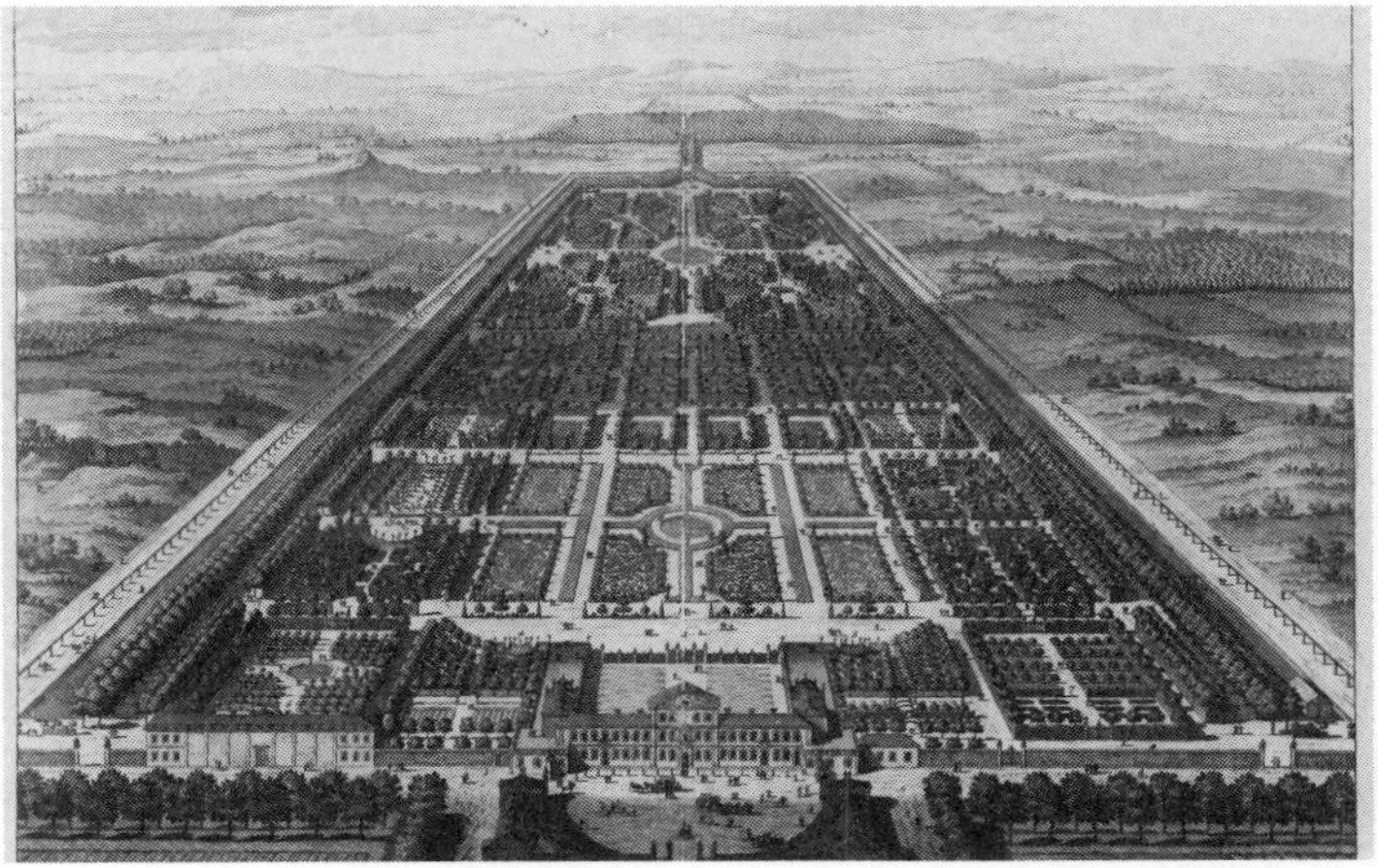

1708年頃のヘレンハウゼン王宮庭園

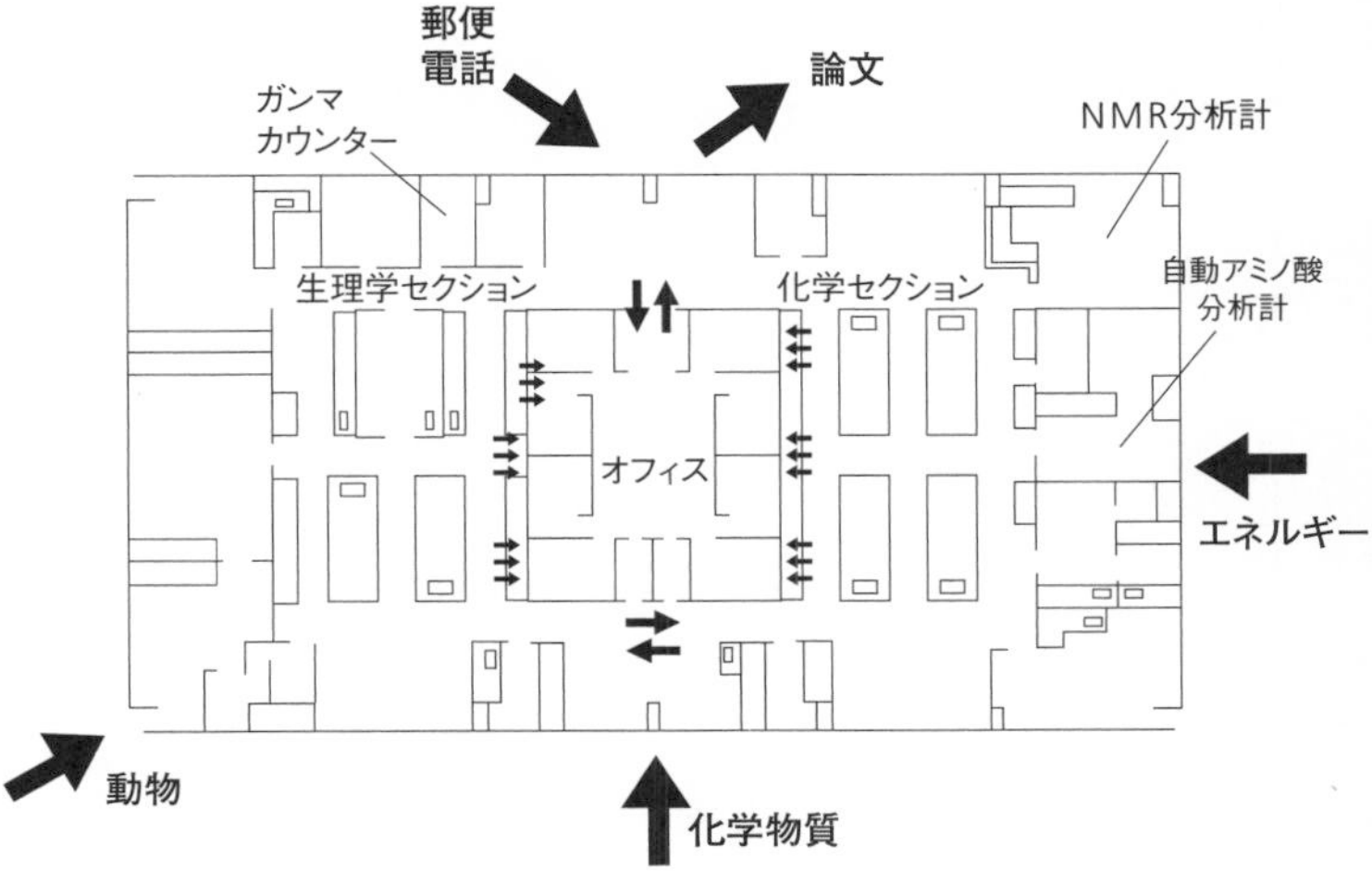

ロジェ・ギルマン博士の実験室

（ブリュノ・ラトゥール＋スティーヴ・ウールガー 2021『ラボラトリー・ライフ――科学的事実の構築』、立石裕二＋森下翔監訳、ナカニシヤ出版、34頁より一部改変の上作図）

のモナドである）という「不可識別者同一の原理」を導き出す。デカルトが「我」という世界外の視点から1枚1枚の葉っぱを「葉」という抽象的なカテゴリーで数え上げるならば、ライプニッツは目の前の1枚の葉っぱがなぜそのような形になったのか、その内的な発生の過程を解き明かそうとする。彼にとって自然はどこまで行っても複雑かつ不均質であり、それぞれに異なるいくつものモナド（葉っぱ、木々、生態系……）が互いの属性を規定し合い、かつそれらが不断に関係を変化させていくような、根本的に相対的かつダイナミックなものである。バロック庭園とは、こうした自然の底なしの深みを可視化するデバイスの別名に他ならない。

庭園様式としては廃れてしまったバロック庭園の思想的後継者が、近代科学の実験室だ。科学実験もまた、自然ではあり得ない均質な条件を人工的に作り出し、その上で条件を変えて繰り返し実験することを通じて、未知の自然のメカニズムを明らかにしようとする。地球全体が実験室となるという言葉も、地球全体が人工的空間になったという意味ではなく、今や、そのような営み自体が荒ぶる地球を可視化し、人類にとっての課題として立ち現れさせているという意味で受け取ることができるだろう。

バロックの時代、幾何学的な庭園が占める空間は広大な自然のごく一部であった。ところがそこから育った科学技術は地球全体を覆い尽くし、自ら築き上げた観測網の中に新たな自然を発見する。自然の上に人為的な庭が成り立つのではなく、人為的な庭の中に自然が析出される時代に、いま私たちは生きている。

再野生化のプロジェクト

人間が設定した枠組みの中に現れる、現代的な自然とはどのようなものだろうか。その一つを、現代オランダにおける新たな自然保護の取り組みに見てみよう。

オランダは国土の4分の1が海面下にある。一面に広がる干拓地は古くから牧場や農地となり、名物の風車はその水没を防ぐ排水システムとして整備されていた。この世界で最も人工的な場所に「人間以前の自然」を創出しようという驚くべきプロジェクトが、首都アムステルダムから車でわずか30分ほどの距離にある、1967年まで湖だったオーストヴァールデァスプラッセン(OVP)自然保護区で推進されている。ここでは、ポーランドから導入されたコニックウマや、ドイツで作られたヘックウシといった人為的に導入された動物たちに加えて、キツネやカラスなどの在来動物、それにハゲワシやハイイロガンなどの復活した希少種が、人間の介入を最小限に抑えた60平方キロメートルほどの空間で自由に生きている。

わずか半世紀前まで何もなかった土地に外来種を導入したOVPは、明らかに「元々そこにあった自然を保護する」という意味での自然保護の実践からは逸脱している。この場所を動物園やサファリパークから区別するのは、「再野生化《リワイルディング》」という新たな自然保護のコンセプトだ（エマ・マリス　2018『「自然」という幻想――多自然ガーデニングによる新しい自然保護』、岸由二＋小宮繁訳、草思社）。1990年にこの言葉を作ったアメリカの環境活動家デイヴィッド・フォアマンは、「自然本来の姿を維持する」というこれまでのアメリカの自然保護のあり方を批判し、個々の木々や動物の個体数を厳密に管理する代わりに、生態系全体の多様性を保つことでその本来の活力を取り戻すことを提唱した。

その主張によれば、特定の種の異常発生や生物多様性の減少といった現在のアメリカの自然が抱える問題は、生態系の最上位に位置するオオカミ、クマなどの捕食動物を人間が絶滅させたことに起因する。守るべき手付かずの自然と思われていたものが実はすでに人間活動の影響を受けていたのであれば、「自然保護」の意味は根底から覆ってしまう。必要なのは残された自然をこれ以上の攪乱から守ることではなく、そこに欠けたものを人為的に再導入し、あとは静かに成り行きを見守ることである。

こうした考え方が初めて実行に移されたのはアメリカのイエローストーン国立公園で

オーストヴァールデァスプラッセン自然保護区
（GerardM./Licensed under the GFDL by the author）

ある。北米大陸の生態系の頂点であるオオカミは、20世紀初頭にほぼ絶滅してしまっていた。そのため一方では中間捕食者であるコヨーテの増加により小動物が減少し、他方では大型草食動物のエルクによる食害が深刻化していた。この状況を是正するべく検討されたのがオオカミの再導入だ。20年にわたる慎重な調査の末にカナダから連れて来られたオオカミ66頭が放たれたのは1995年のことだった。オオカミの個体数が300頭を超えた2005年には、ビーバーやアカギツネなどこれまで減少を続けてきた生物種の個体数が回復し、イエローストーンの生態系バランスが大きく改善したことが確認された。

イエローストーン国立公園の場合、回復すべき本来の自然は1世紀前に実在した。しかし元々何もない干拓地であったOVPでは、そうした直近のモデルは存在しないのではないか。この疑問に対する回答は驚くべきものだ。プロジェクトを指揮する生態学者フランス・ヴェラが回復を目指すのは、なんとまだ人類がこの地に現れず、大型動物の大量絶滅が始まっていない1万3000年前のヨーロッパ大陸なのである。

「人類の登場以前の自然を回復する」。これまでの環境保護運動においても、この言葉はしばしば運動の究極の目標として掲げられてきた。しかし、いざそれが文字通りの現実となったとき、そこには映画『ジュラシック・パーク』を思わせるような、いささか不安で胡乱な気配が漂う。何しろ当時のヨーロッパ大陸を闊歩していたマンモスなどの大型動物は大半が絶滅してしまっているので、過去を再現するためには同じ役割を果たすはずの代替種を導入するしかない。また、人間以前に存在した景観が本当に現在と同じかどうかは、タイムマシンでもない限り確かめる術はない。イエローストーンが「本来の自然への回復」というこれまでの環境保護の枠内でまだ理解可能だとしたら、過去にも現在にも存在しない新たな自然を作り上げるこのプロジェクトは、むしろ巨大な実験であると言いたくなる。

事実、ヴェラが干拓地を自然保護区に変えた背景には、人間以前のヨーロッパの景観についての彼の仮説を立証するという目的があった。現在大多数の生態学者は、1万3000年前のヨーロッパ大陸は一面の森に覆われていたと考えている。しかし彼はそれが森林と草原、そして中間領域としての灌木（藪）のパッチワークであったと主張する。こうした景観を形成する鍵となるのが、サバンナのような広大な草原に生息していた草食動物の存在である。草地に芽吹いた木々の種は、これらの動物たちによってあっという間に食べられてしまう。ところがこうした明るい空間で成長する灌木の一部は固いトゲや樹皮を持っているため草食動物の食害を受けず、草原の中に藪を形成する。やがてその下で高木が育ち森が回復するが、中に侵入した草食動物によって実生を食べられてしまうため、自己更新できない森は数百年後に再び草原に戻る。

　ＯＶＰが一つの科学実験であるならば、実験を行う科学者たちにとって、その中で起きていることはあくまで「自然」である。ひとたび保護区内に踏み入れると目につくのは、地面に倒れた動物たちの死骸だ。たとえ親に見捨てられて弱った子ウシを見かけても、人間にできるのは撃ち殺すことだけ。訪れた人は、遠いアフリカのサバンナとまったく変わらぬ光景が、目の前で起きていることにショックを受ける。

　ここで直感的に浮かぶ疑問は次のようなものだ。この場所を設定し、動物たちを連れてきたのは人間であるはずだ。つまりＯＶＰの動物たちは本質的には家畜と同じ「文化」の側にある。なのに当事者たちはその責任を放棄し、自然の摂理の名の下に殺害を正当化しているのではないか？

　自然／文化の線引きを攪乱するＯＶＰの実験は、オランダ社会の中にさまざまなスキャンダルを呼び起こした。最も論争的なトピックとなったのはこの「死」をめぐる問題であった。科学者たちは、動物たちはあくまで野生のものであり、冬期のシェルターなどの最低限の手助け（後にはそれも撤廃された）を除いては人の介入を一切受けさせないという方針をとった。当然ながら、ひとたび寒波などの自然災害が到来すると、食べ物を失った大型草食動物は次々と倒れていく。こうした事態が起こるたびに、メディアや一般市民から保護区の運営方針に対し抗議が寄せられた。

さらに事を厄介にしたのはヘックウシの来歴であった。ドイツのヘック兄弟によって、絶滅したオーロックスの再現として1932年に創出されたこのウシには、当時台頭していたナチス・ドイツが強い関心を寄せていた。アーリア民族純血主義を唱え、ローマ帝国やキリスト教以前の「本来の」ドイツを取り戻すことを目標に掲げたナチスにとって、オーロックスはそうした栄光ある過去を象徴する動物であり、それを人工的な育種によって再現したとされるヘックウシは、ユダヤ人や障害者などの「不良な」人口を断種し、「優良な」人口を育成するその優生思想を先取りするものであった。かくして、寒さでバタバタと倒れていく保護区の動物たちに強制収容所の収容者を重ね合わせつつ、保護区の運営方針への批判が展開されたのである。

管理された空間の中の出来事が「自然」の摂理の名の下に正当化されるという事態は、一見して不可解なものである。だが、哲学者・歴史家のミシェル・フーコーによれば、近現代の主流をなす政治・経済的体制であるリベラリズムは、そもそも自由と管理という矛盾する2つの要素を含んでいた。

生まれ持った自然権としての個人の自由や、自然界の「生存競争」にたとえられる個々人のアナーキーな利益追求のように、近代とは「自由」を根本的な価値とした社会である。他方、このように個の自由が至上のものとなっていくと同時に、個々の個体を超えた「群れ」を対象とする権力が、18世紀から19世紀の西欧社会において拡大していく。この時代、ヨーロッパ各国は統計という形で人口や生産力を把握し、労働者や兵士の身体の規律化を推進した。

彼が見るところ、フランス革命から自由主義革命に至る18〜19世紀の歴史は、国家や教会によって抑圧されていた人間が次第に自由になっていく過程ではない。それは、特定の（生産性の高い）人間を大量に作りあげた上でそれらに「自由」に振る舞わせ、かつ必要に応じて「自然」の名の下に介入することで、全体のパフォーマンスを最大化することを目指す新たな統治のあり方「生政治《ビオポリティクス》」の拡大に他ならないのである（ミシェル・フーコー　2008『ミシェル・フーコー講義集成〈8〉――生政治の誕生（コレージュ・ド・フランス講義1978-79）』、慎改康之訳、筑摩書房）。

フーコーは生政治の歴史的起源として、イエス・キリストを「善き羊飼い」にたとえる聖書の思想と、そのモデルとなった現実の羊と人間の関わり（司牧権力）があることを指摘している。人間に対する統治と動物や自然に対する統治は、しばしば同じ発想においてなされるのだ。「健全な市場競争」の理念の下に不採算企業を退場させる経済学者と、親から見捨てられた子ウシを「本来の生態系の維持」の観点から躊躇なく射殺する科学者は、それぞれ社会と自然に対しリベラリズムの原理を適用している点で同じようなものである。

一見すると人間が設定した枠の中に剥き出しの自然の力が解き放たれているように見えるOVPでの再野生化のプロジェクトは、実のところ人間が自然の力に介入し、利用する生政治の論理によって成り立っている。近代という時代は、常に自然の力を取り込み飼い慣らし続けてきたのであり、再野生化のコンセプトもある意味でその延長にある。

それでは、人為と自然の関係が逆転した人新世において、あらゆる自然とは本質的に人工であると結論づけてしまってよいのだろうか。

奥山からの眼差し

日差しの下で新緑の若葉がきらめき、透き通った水が用水路を勢いよく流れていく。美しい初夏の日本の田園風景を進むカメラの先に、異様なものが映し出された。用水路の堰に何かが引っかかり、黒い塊が水面に飛び出している。あれは一体何なのだ？　次の瞬間にカットが切り替わる。ひっくり返された塊からは四本の足が突き出しており、数人の男たちがそれに縄をかけて引き上げていた。形から判断するとどうやらイノシシのようだ。しかしなぜイノシシが用水路で死んでいるのか? 深まる謎に困惑する私をよそに、彼らはイノシシをトラックの荷台に積み込み走り去った。

福井県大野市で調査する人類学者の北川真紀からこの映像を見せられたとき、日常の風景の中にいきなり『犬神家の一族』が現れたようなイメージに、私は強い衝撃を受けた。大野市では2019年7月に初めて確認されたブタとイノシシの感染症である豚熱は、感染後わずか10日ほどで死に至るという恐るべき病気だ。この病気に感染した個体は体温が上昇して喉が渇き、また視力が落ちるため少しでも明るい場所を求める。映像中のイノシシも、水を飲むために田んぼの用水路に降り、そこで力尽きたと推測された。

現代における生政治の最前線は、インフルエンザや新型コロナウイルスのような感染症対策だ。2020年に始まった新型コロナウイルスの流行では、人間とウイルスの「群れ」をコントロールすべく、人流抑制やワクチン接種などの政策がとられた。ただし、人間(もしくは人間と動物)が感染する病気には皆が関心を持つが、動物のみの感染症はニュースになることが少ない。2020年の春に私たちは1日数十人の新型コロナウイルス感染者数に一喜一憂していたが、2022年秋から始まった鳥インフルエンザの流行では、現在までに1600万羽以上の鶏が殺された。他方、一般消費者にとっての鳥

豚熱で死んだと推定されるイノシシ（撮影：北川真紀）

インフルエンザのインパクトは、スーパーの鶏肉と卵が値上がりしたというきわめて散文的な事実である。

その鳥インフルエンザとならび近年問題となっているのが豚熱だ。豚熱ウイルスに感染することで起こるこの病気は、畜産業にとっては極めて重大な経済的インパクトをもたらす感染症である。日本では2018年に岐阜県で26年ぶりの発生が確認され、その後現在まで感染したブタの殺処分や養豚場の消毒に加えて、さらなる感染を防ぐため健康なブタへのワクチン接種を中心とした対策が進められている（北川真紀 2022「複数種と「奥山」をめぐる思考――猟師・イノシシ・ウイルス、その目線の先へ」『思想』1182、岩波書店）。豚熱が厄介なのは、家畜であるブタだけでなく野生のイノシシに対してもワクチン散布などの対応が必要なことである。神出鬼没のイノシシにワクチンを与えるためには、ワクチンが入った餌を適切な場所に設置し、食べさせなければならない。ここで行政が頼ったのは、地元の山を知り尽くした猟師たちである。その数ヶ月前から大野市の猟師たちと行動を共にしていた北川も、彼らとともにこの事業に参与することとなった。

国際的なバイオセキュリティ体制の一部へと組み込まれ、変異する自然に対処する猟師たちは、「猟師の身体を脱」（北川 前掲論文、148頁）するプロセスを経験してきたと北川は述べる。

これはどういうことか。まず、銃猟であれ罠猟であれ、狩猟は「個」としての動物に向き合う営みだ。地面や立木に残された痕跡からそこに現れる動物種や個体の特徴を読み解き、さらに相手の反応を見ながら罠の場所を移動させる。ところが経口ワクチン散布とともに行われた強化捕獲事業では、指定された特定のエリアで罠をかけ、見回り、捕獲されたイノシシを回収する作業を行わなければならなかった。さらに地図上に設定された「感染区域」と「未感染区域」や、後者にこれ以上の拡大を防ぐ「壁」を築くというワクチン散布計画そのものが、目の前の個体との一対一の駆け引きを超えて、その背後にある日本列島全体に生息するイノシシの群れの管理という、これまで経験したことのないイノシシとの関わり方を要求していた。

2018年に始まった豚熱の対策においても、イノシシのためにワクチンを散布し、流行を収束させるという目的の下、猟師たちの身体化された知恵が動員され、これまでコントロールできなかった野生の領域が統治の空間へと造り変えられていった。大野市の猟師たちにとって、このような来歴を持った管理体制の一端に組み込まれたことの影響は「猟欲」の減退という形で現れた。「欲」という言葉が使われていることからも分かるように、猟をしないことはイノシシの保護という合理的な理由以上に、「食欲」や「性欲」と同じく意志ではいかんともしがたい人間の次元と関わっていた。羊飼いが個別の羊と「狩る‐狩られる」の関係に入ることは想像しがたい事態だが、野生動物の群れの管理者にさせられた猟師たちも、ある意味でそれと似た状況に置かれていたと推察することもできるだろう。

ところが事業が進むにつれて人々の間には「そうした「自然」のはたらきの全体へのアクセスのできなさ、コントロールのできなさという、あきらめにも似た理解」（北川前掲論文、150頁）が広がってきたという。その大きな理由の一つは、大野市、ひいては日本列島の地理的条件にある。過去にワクチンを使用してイノシシの豚熱対策に成功したドイツやリトアニアの国土は、ほぼ平坦な土地に森が点在しており、ゆえに野生動物の管理も比較的容易であった。しかし大野市は周囲を1000メートル級の山に囲まれた盆地であり、さらにそれらの山々は3000メートル級の山々が連なる日本アルプスとつながっている。管理する側の論理からすれば、どんなに「未感染区域」のイノシシに対しワクチン散布を行ったところで、その背後に「感染区域」との行き来を許す広大な奥の空間があることは、悪夢以外の何物でもない。しかも山の向こう側は別の市町村なので、余計に対策が取りづらい。行政による感染症対策の枠組みは、日本列島の至るところでアメーバのように待ち構える「奥山」によって絶えず攪乱される。

けれども意外なことに、イノシシの個体数が回復してくると、この容易に立ち入ることができない奥山こそが、回復の根拠であると語られるようになった。その背後にあるのは、こうした環境で日常的に猟を行ってきた猟師たちが持つ、ある一定の領域については悉知する一方で、自分たちには容易にアクセスできない「奥」があるという感覚であった。「……大野市域のイノシシは絶滅せん。人の入れん地域がいっぱいあるやん。だから抗体を持ったイノシシが生き残る」（北川　前掲論文、151頁）。人間に見ることができない奥山がイノシシの避難場所になっているのではないかと推察するこの猟師の語りも、あくまで日々のデータと経験の積み重ねに立脚しつつ、その「キワ」に目を凝らす姿勢に貫かれている。

「その全体像をみることは決してできない奥山という枠づけは、別の視野、パースペクティブを開く。それによってこそ、イノシシはもう一度、猟師たちにあらわれる」（北川　前掲論文、153頁）。北川のこの言葉を敷衍するなら、豚熱を経験した猟師にとって、イノシシとは一対一で向き合う相手でも管理すべき群れでもなく、恐るべき感染症をなぜか生き延びてしまった生命の力そのものの現れ、あるいは驚嘆と畏怖の念とともに改めて関係を取り結ぶべき「他者」となったのではないか。そして、そのような視点の転換は、生権力による自然の枠付けの余白に出現した「奥山」というもう一つの枠、言い換えれば自然を可視化しようとする人間が、その果てに自然に開いた深みから見つめられるという経験によって可能になった。

自然は枠付けを通じて人間の認識と介入の対象となるだけでなく、そうして切り開かれた枠の彼方から、何かがこちらに到来する。それはただの妄想だろうか？ それとも本当のことだろうか？ いずれにせよ確かなのは、この何かに見つめられ、真剣に受け取ってしまった人間は、もはや過去の自分とはズレているということだ。

無数の庭の絵が並ぶギャラリー

物質のどんなに小さな部分にも、被造物、生物、動物、エンテレケイア、魂が、たくさんふくまれていることがわかる。（中略）物質のどの部分も、草木のおい茂った庭園か、魚のいっぱい泳いでいる池のようなものではあるまいか。しかも、その植物の一本の枝、その動物の一個の肢体、そこに流れている液体の、一滴のしたたりが、これまたおなじような庭であり、池なのである。

（ライプニッツ 1969「モナドロジー」『世界の名著25 スピノザライプニッツ』、

清水富雄＋竹田篤司訳、中央公論社、454-455頁）

ライプニッツの庭のイメージは、モナドロジーと呼ばれる彼の宇宙論にも反響している。彼は世界を構成する基本単位として絶対不可分のモナド（単子）を想定した。しかし、現代において原子論の名前で想像されるような、ブロックの組み合わせによってさまざまな形態を出現させる単位としての原子とモナドを同一視してはならない（それはむしろ計量可能な時空間を前提としたニュートン力学の世界観に近い）。池という一つの大世界は無数の小世界からなるが、その一つである魚から見れば、先ほどの大世界も自己を取り巻く無数の小世界へと分解される。あらゆる個物が相互に包摂し合うとき、一つひとつの単純な要素を加算していけば自ずと全体が現れるという、階層的な世界観は成り立たない。

それでは、お互いに結びついてはいるが、共通の単位を持たない世界同士の関係は、どのようにして想像できるのか。ライプニッツは、一見てんでバラバラで不条理とすら見えるそれぞれの世界が、最終的には最善を実現するべく神によって定められた、予定調和の関係にあると考えた。根本的な共通単位として神を設定する彼の思想は、同じキリスト教を信じる人々が血で血を洗う抗争を繰り広げた17世紀には、リアルなユートピアだっただろう。しかし、私たちがいま対立している相手は、自然という人間とは根本的に異質で、しかも人間を包摂する他者である。両者の間に生態学的均衡が成り立つという考えも、包摂される側からの一方的な視点でしかない。

夢で蝶となった荘子が、目覚めた後にこの現実の方が蝶の夢かもしれないと考えた「胡蝶の夢」は、予定調和なき諸世界の寓話だ。この世界に穿たれた他なる世界へのフレームは、やがて現実を侵食する。かつて詩人のマリアン・ムーアは、詩の目的を「実在するヒキガエルがなかにいる想像的な庭」を描くことにあると言った。そして第3章でも言及した、21世紀を代表する人類学者の一人であるエドゥアルド・ヴィヴェイロス＝デ＝カストロは、このムーアの言葉を引用しつつ、人類学者が行ってきた他者を書くという営みも、究極的には自らが作り上げたフィクショナルな枠組みの中に他者を到来させ、自己を変容させることであると述べる（エドゥアルド・ヴィヴェイロス＝デ＝カストロ2016『食人の形而上学』、檜垣立哉＋山崎吾郎訳、洛北出版）。

この世界は無数の庭の絵が並ぶギャラリーのようなものだ。それぞれの絵に描かれた植物たちは、隙あらば額縁を超えてこちら側へと伸び広がり、ギャラリー全体を覆い尽くそうとする。けれども焦ることはない。実は、このギャラリー自体もかつては一つの絵であったのだから。自然の中に文化が生まれ、その文化が新たな自然を生み出して元の自然を飲み込む、めまいのするようなダイナミックな図地転換のプロセスは、世界の底ですでに作動している。そして人がこの境界を超えるとき、時にはゆるやかな時の移ろいと生々流転の感覚を、時には有り得べからざる不気味さを経験する。

現代日本では、人間による自然の枠付け、可視化によって、逆説的にも「見えない」余白への想像力が人間の中に創出されていた。同様に、自然を文化によって覆い尽くしてきた近代人が人新世という新たな庭に足を踏み入れたとき、その「奥」からこちらを見つめるものがあるはずだ。この未知のものに私たちは目を凝らさなければならない。

ここから先、本書が最後に探求する領域は、人新世の地球の「奥」である。一見すると生命なき虚無に見えるこの領域も、非生命の側から見れば、大気圏の上と下にある星々の力が絶えず生命圏へと貫入し、その微かな光を輝かせているのが目に入るであろう。生命の終わりは虚無と同一ではない。

第8章 星々の力

「石の生まれ」

「石の生まれ《フタ・ニ・フォウ》」。その名前を初めて聞いたのは、帰国を1ヶ月後に控えた2019年1月のことだった。

当時、私がお世話になっていたシェーフー・クランは、1年ほど前から隣のトリンギア・クランとの間で土地紛争を抱えていた。ところが新年早々トリンギア・クランが誘致したマレーシア系の森林伐採企業がその土地に勝手に林道を造り始め、シェーフー・クラン員が押しかけて制止するという事件が起きた。これにより、伐採を進めるためには土地権に関する認識のズレを解決しなければならないという認識が両クランに生まれた。「石の生まれ」という人物の名前が挙がったのは、この問題を協議するため両クランの主だった人々が集まった場でのことである。

マライタ島において名前は必ずしも個性を表現しない。人の名前は、彼または彼女が生まれる前後に起こった印象的な出来事であったり、はたまたほんの気まぐれによって決められ、それが代々の子孫に引き継がれていく。たとえば前章に登場したネリーのセカンド・ネームは「タイクイ」という水鳥の一種だが、これは彼女の祖先の一人がこの鳥を好んで食べたことに由来する。文字による歴史を持たなかったマライタ島の社会において、人間は生きた石碑であり、名前はその上に刻まれた文字である。

風化した石碑の文字は、自然のひび割れと識別不能になる。それと同じように、誰にも引き継がれなかった名前の記憶は忘却され、何世代も後に再発見された時には、しばしば本来の文脈を失った謎として立ち現れる。「石の生まれ」にもそれが当てはまる。「石の生まれ」とはどういう意味か。石から生まれたのか、石で生まれたのか。生前の彼が何らかの形で石（フォウ）との因縁を持っていたことは間違いないが、その解釈をめぐって両クランは真っ向から対立した。

シェーフー・クランの認識によれば、「石の生まれ」はトリンギア・クランの数十世代前の祖先の名前であり、彼の父親が今回問題となったゴウナタタエという土地をシェーフー・クランに譲渡したのだという。次に引用するのは、土地が譲渡された由来についての長老・ビタの語りである。

十数世代前、我々の祖先の1人であるフュウガが土地ゴウナタタエの近くに住んでいた。ある時ローマウリ川で全身疥癬だらけの少年バシフィラを見つけ、養子とした。バシフィラは隣のトリンギア・クラン（正確にはその一集団のトリンギア・ランギ・クラン）の長子だったが、疥癬のため周囲に疎まれ、1人だけで小屋に住まわされていた。普通に歩くことができず、足と手にココナッツの殻をくりつけて四つん這いで移動していた。親兄弟が食事を運んできたが、それも時々忘れられた。

こんな日々に嫌気がさした彼は、もういっそ死んでしまおうと思ってローマウリ川へ下り、岸辺の大きな岩の上にぼんやり座って体中のかさぶたをはがし流していたところを、魚突きに降りてきたフュウガに発見された。フュウガはバシフィラの顔を知らなかったので、最初は殺して食べようと思った。だが彼の皮膚があまりに汚く食欲が失せたため、殺す代わりに養うことに決め、まず突いた魚を焼いて彼に与え、それから家に連れ帰った。バシフィラが疥癬の伝染を心配したので、フュウガは集落から離れた川岸の大きな岩の上に小屋を建てて独りで住まわせた。彼は毎日川で身を清め、ようやく疥癬が回復した。このとき彼はすでに若者になっていた。ところが疥癬が治ったバシフィラは、養父の妹アブリアルサと昵懇になり孕ませてしまった。その頃彼が生きて健康を取り戻したことを知ったトリンギア・ランギの人々は、彼を呼び戻すことにした。そしてフュウガに対し、バシフィラがアブリア

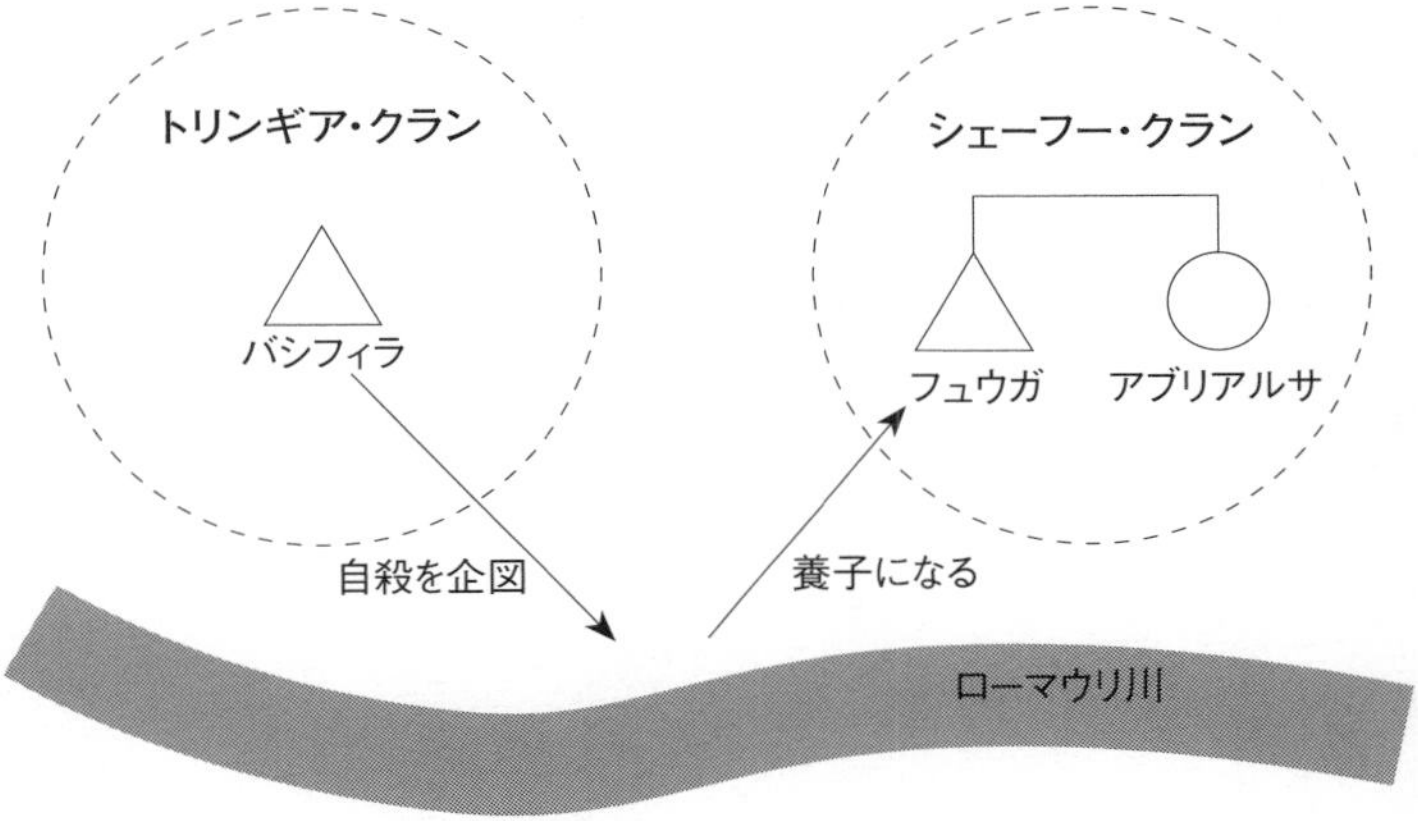

「石の生まれ」とその父の出自(1)：バシフィラの自殺未遂

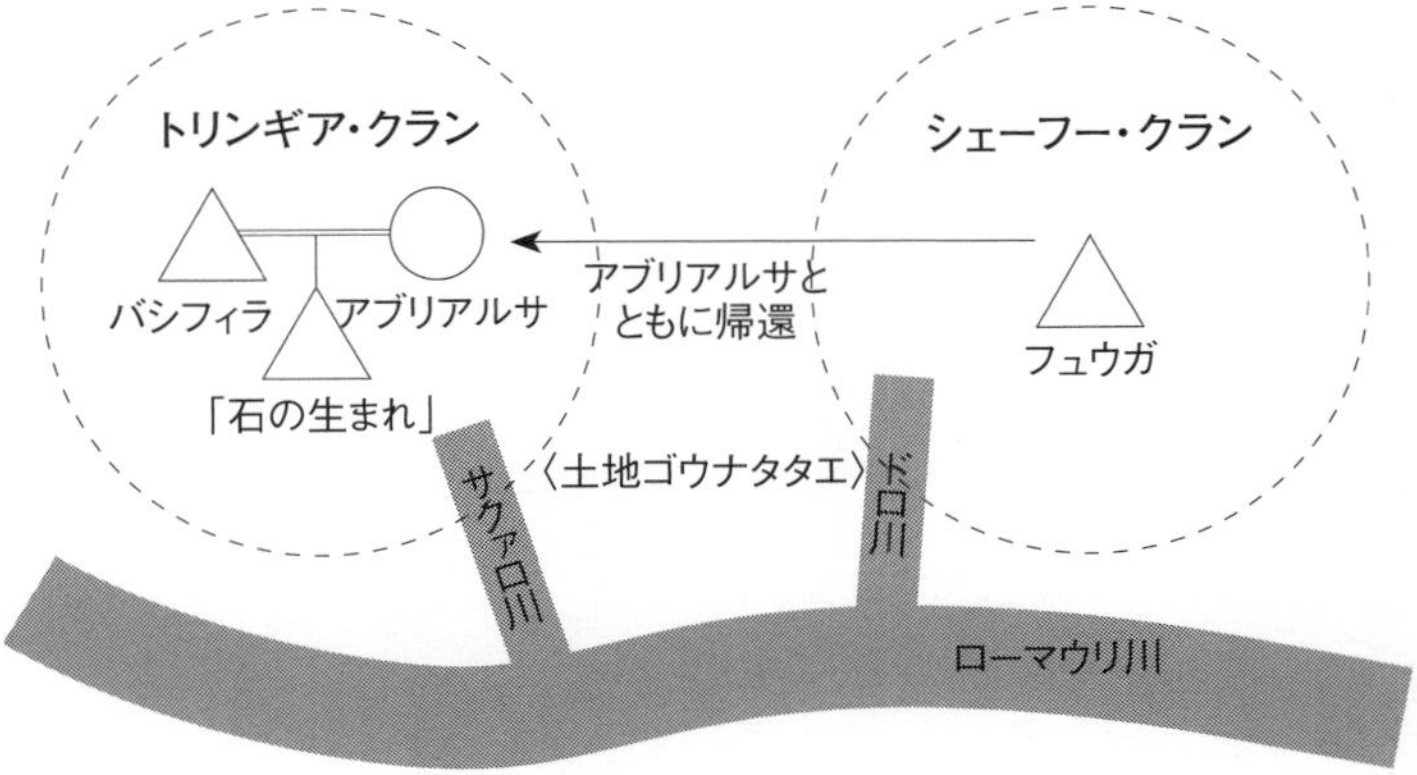

「石の生まれ」とその父の出自(2)：土地ゴウナタタエの譲渡

ルサを妻とすることの代償として、サクァロ川とドロ川（いずれもローマウリ川の支流）の間の土地ゴウナタタエを与えた。バシフィラとアブリアルサの子はフタ・ニ・フォウというあだ名で呼ばれていた。彼はゴウナタタエという集団の祖先である。なおフュウガの系譜はその後男子が絶えてしまい残っていない。

この語りの背景となっているのは、復讐や集団間のトラブルを原因とした戦闘が頻発していた植民地支配以前（～1920年代）のマライタ島である。フュウガとバシフィラは隣人にもかかわらずお互いに相手を知らず、それどころか、バシフィラを見たフュウガが最初彼を殺して食べようと思ったように、顔見知り以外の人間は基本的に敵と見なす態度が一般的であった。

ところが運良くバシフィラはフュウガの養子となることができ、さらには彼の妹を妻として故郷に戻り、「石の生まれ」という通称の子供を産んだ。本名のほかになぜそんな通称を付けられたのかに関しては、川辺の岩の上で暮らした父にちなんだという説、あるいは姉妹を取られたフュウガの兄弟たちに殺されないように「誰の子供でもない」という意味で名付けられたという説など、いくつもの説がある。いずれにせよビタが言いたかったのは、「石の生まれ」はその奇妙な名前にもかかわらず、ちゃんとした両親の元に生まれたちゃんとした子供であったということだ。

ところがこの後、彼の子孫であるゴウナタタエ集団の中で出自の混乱が生じてしまう。シェーフー・クランの別の長老・ブアガが語る経緯は次のようである。

祖先「石の生まれ」から4世代後、ゴウナタタエ集団は4つに分かれた。その一部は親族を頼って別のクランの土地に移り住み、元々の土地は誰も住まなくなった。さらに今から3〜4世代ほど前、2人の男が自分たちの祖先をシェーフー・クランであると言い出した。彼らは生まれた時は非キリスト教徒だったが、成人後にキリスト教に改宗した。この説を主張し始めたのは改宗後である。彼らがあまりに強く主張するので、他の人々もしだいに信じるようになった。

同じ頃、あるトリンギア・クランの人物がゴウナタタエ集団を訪ねてきて、彼らの祖先が自分と同じ「石の生まれ」であると伝えた。だが話を聞いた者はまともに取り合おうとせず、自分がシェーフー・クランであると主張した。「自分は『石の生まれ』の子孫ではない」。（つまりその名前を）石から生まれた人だと誤解したのだ。彼は語りをねじまげてしまった。

このようにシェーフー・クランの認識では、トリンギア・クランが土地ゴウナタタエの権利を主張するという間違いは、譲渡を行った同名の集団の人物が、祖先「石の生まれ」の意味を取り違えて腹を立てたという出来事に起因するのである。

第2章で見たように、マライタ島の人々にとって自らの血脈は、私たちにとっての国や会社と同じくらい重要だ。マライタ島の人々は皆、一番最初の祖先から自分に至る数十世代のクラン系譜を知っていなければならない。それは、土地や人間関係といった生きる上で必須の資源への権利がクランを通じて受け継がれるという実利的な理由だけでなく、一人一人の背後にいる祖先たちがその人のアイデンティティになっているからである。大半の人々は自分から数世代前の祖先しか覚えていないことが多いが、ビタやブアガのような長老たちは始祖以来の長大な系譜を暗記しており、土地に関する問題が持ち上がったときには彼らが表に出て証言を行う。また一般のクラン員たちはこの機会にノートを持ち出し、自身のアイデンティティに関わる知識を書き留めようとする。

こうした世界において人が本来の祖先を忘れるという事態は絶対にあってはならないことだ。けれども、現実にはそうしたあってはならない事態はなぜか存在する。ゴウナタタエ集団もその一つであり、そこの人々は「石の生まれ」とトリンギア・クランを祖

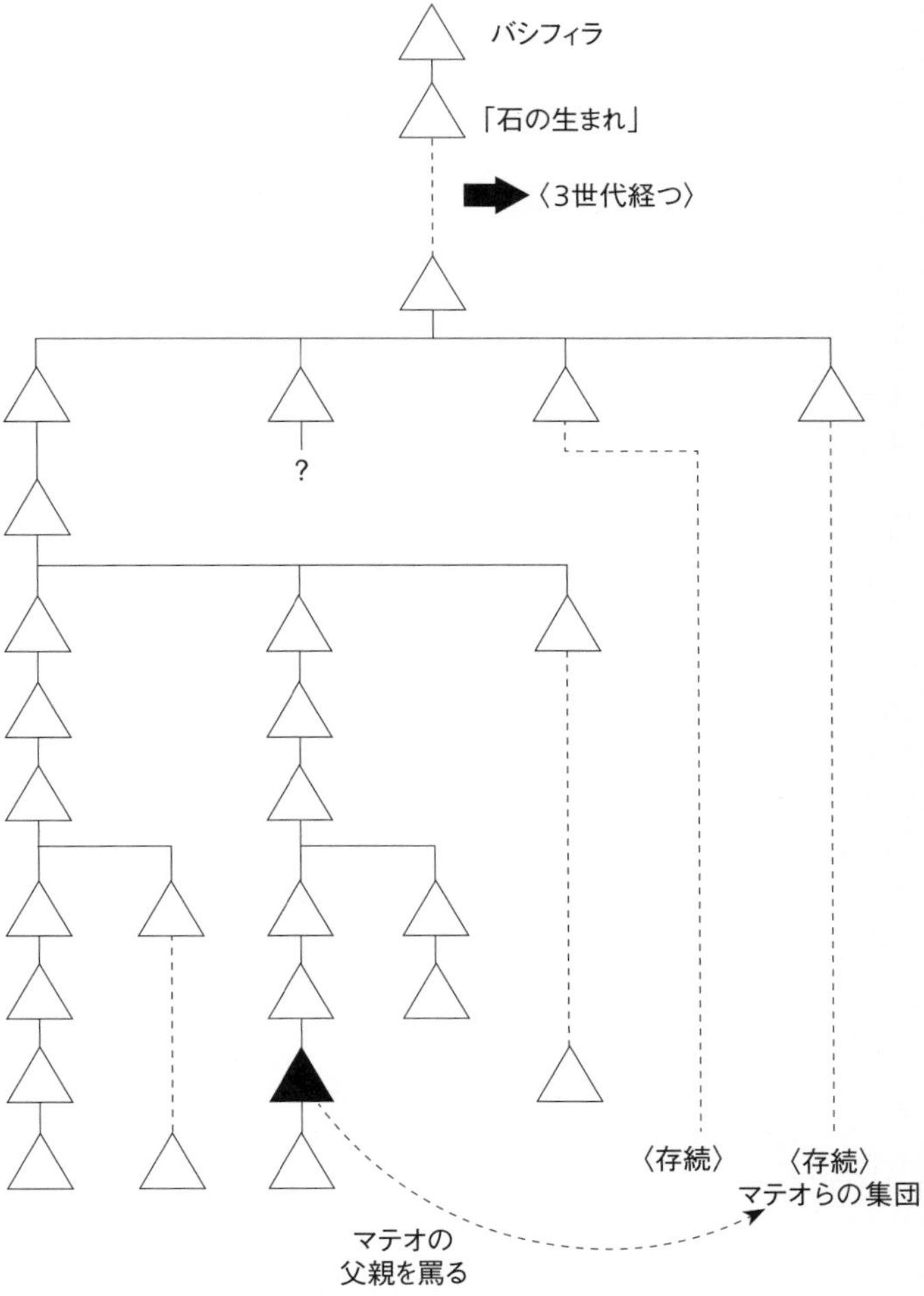

ゴウナタタエ集団の系譜

先とする一派と、シェーフー・クランを祖先とする一派に分裂し、互いに相手を罵り合ってきた。このような光景を見て他人は言う。「あの人たちは自分の祖先を忘れ、心が落ち着かず、さまざまな困難を抱えている」と。

ミーティングはシェーフー・クランとトリンギア・クランの主だった人々の間で進められた。時に怒鳴り声も混ざる話し合いの最中、一人の見知らぬ男が突然戸口のところに現れて、自分はゴウナタタエの者だがと前置きした後で話し始めた。「カンパニーやカネのことなどどうでもいい。ベウ・アブ（祭祀地）と土地のことだけが大事なのだ。自分の故地が分かれば一刻も早くそこに帰りたい。今日は自分たちが本当はトリンギア・クランとシェーフー・クランのどちらなのか見守っている」。彼の発言の後、場の雰囲気は明らかに変わり、それまで自信満々だったトリンギア・クランの長老たちの顔には焦りの色が現れた。

ミーティングが終わったあと、私は彼がマテオという名前だと知った。2018年にこの辺りに居住するゴウナタタエ集団の間で諍いがあり、その中で祖先をシェーフー・クランだと信じる一派が、「石の生まれ」とトリンギア・クランを祖先だと信じるマテオの父親を「ボン・バスタ」（born bastard）、つまり「お前が祖先と信じる『石の生まれ』は、石から生まれたようなどこの馬の骨とも知れない私生児だ」と、祖先もろとも罵っ

長老の語りを聞く人々

たのである。驚いたマテオは、ただちに首都ホニアラの自宅に両親を引き取るとともに、自分の出自について独自の調査を進めた。そして、結果として彼は自分がトリンギア・クランの一員、しかもその長子の家系であると確信するに至ったという。彼の登場にトリンギア・クランの長老たちがうろたえたのも、もしその主張を認めて自分たちの土地に「帰る」ことを許してしまえば、森林伐採事業の利権構造が根本から揺るがされるからだろう。

人類学者の間でよく言われることに、「大事なことはなぜか調査の最後に分かる」というものがある。帰国まで1ヶ月を切ってから立て続けに起こった土地ゴウナタタエをめぐる一連の出来事もまた、マライタ島の土地をめぐる社会的慣行を調査テーマとしていた私にとって、きわめて重要なデータを提供するものであり、その成果は帰国後の論文執筆で存分に生かされることになった。

ただ、このフィールドで一瞬すれ違っただけのマテオという人物——彼はその後なぜか急に音信不通になり、電話にも出なくなった——は、私にとって論文のネタ以上の意味を持ってしまっている。彼との出会いを通じて、自分とは区分される他者を客観的に理解するという、これまで私自身が無意識のうちにとっていた構え自体が突き崩されたのだ。この経験は「ボン・バスタ」という一つの名前と切り離せない。

これまでの調査の中で、ヴィクトリアの病気のように祖先の時代の暴力が引き起こした系譜の混乱や、それが時を超えて子孫に影響を与え続けているという事例は何度も見聞きしていた。それらの語りの悲惨さと希望に圧倒されつつも、同時に「祖先」や「呪い」といった自分にとって真剣に受け取ることが難しいモノたちが当たり前のように存在する彼ら/彼女らの世界には、まるでこちら側と薄い膜で隔てられたかのような現実感の希薄さが伴っていた。

ところが「石の生まれ《フタ・ニ・フォウ》」が「私生児《ボン・バスタ》」へと翻訳された瞬間、この膜がバチンと音を立てて破けた。

「ああ、全身疥癬だらけのバシフィラは家族からネグレクトを受けていたのか!」

一度は自殺を図ったバシフィラは、何とか運命を乗り越えたように見えたけれども、親兄弟に存在を否定されたトラウマは形を変えて子孫にまで受け継がれ、未だにゴウナタタエ集団の中に取り憑いている。数百年にわたるマライタ島の「毒親問題」。それを体現するのが「この子には親がいない」という含意を持つ『石の生まれ』という名だ……。ミーティングが終わった後、そんなことを思ったのを覚えている。

むろん、マテオと彼の一族に取り憑いた何かを現代日本における生きづらさと比較するのは、まともな学問的手続きとは言えない。私がマテオの事例を論文で使うときも、その時私の中に引き起こされたことは書かなかった。けれどもトリンギア・クランの長老が「石の生まれ」は「大きな岩が割れて生まれた」と大真面目に語ったとき、彼の内でいかに屈辱と怒りが燃えさかっていたか、はたまた自分の祖先がトリンギア・クランの長子であるという物語を引き受けたとき、そこに何が賭けられていたのか……見えるはずのないものが、少しだけ見えたような気がした。マライタ島の人々はフィクションの枠から飛び出し、私と同じ世界に生きる存在となったのである。

＊

生きる気力を失った少年が石の上に腰掛けている……世代を超えて反復するトラウマの時間は、人をその過去へと縛り付ける。マテオは繰り返し「故郷の土地が分かれば、そこに帰って小屋を建てる」と言っていた。ここではないどこかに本当の土地、本当の自分があると信じることは、このあってはならない状況を耐え凌ぎ、過ぎ去ろうとしない過去が希望に満ちた未来へと反転する瞬間まで生き延びるための物語だ。

さて、ここから先注目したいのは、この人間的な物語の背景をなすもの――「石」――である。私にとって現実感のないフィクションであったマライタ島の人々の物語は、ある瞬間を境にこちら側に突き抜けてきた。それではマライタ島の人々にとって、自らが生きる物語とその背景をなすモノどもは、いったいどういう関係にあるのか？

マテオに出会う1週間ほど前、シェーフー・クランの人々は企業による「自分たちの土地」への侵入を止めるために両クランの境界地帯に出向いた。海岸線から10キロメートル以上内陸に入った辺りで道が尽き、私たちはトラックを降りて重機のキャタピラー跡の上を進んだが、それが終わったところで「もうこれ以上は進めない」と3名が脱落した。残りの者は土地ゴウナタタエを縦断すべく原生林を突き進み、ついに「石の生まれ」が座っていたローマウリ川岸に到着した。

緑のトンネルの下を澄んだ水が勢いよく流れる光景は、おそらく数百年前も同じだっただろうと思われた。両岸は異様な存在感を放つ巨大な黒い岩盤で、少し下の瀬に目をやると、上流から流れてきたらしい冷蔵庫ほどもある岩がいくつも転がっていた。試しにかけらを持ってみるとずっしり重く、沿岸部でよく見る白く柔らかなサンゴや砂岩とは明らかに由来を異にする鉱物であることがすぐ分かった。

「フォウ・ボソはトロに多い」。誰かがそう言うのが聞こえた。現地語で「フォウ・ボソ」(豚石) と呼ばれるこの黒い石は、島の中央部の山岳地帯 (トロ) に多く産出するのだという。この場所はまた、キリスト教が普及する以前に人口の大半が居住し、今もマテオをはじめマライタ島の人々の多くが自らの祖先の地と見なす場所だ。

マライタ島内陸部の玄武岩（フォウ・ボソ）

数十世代前にここで本当は何が起こったのか、それを見ていたはずの石はもちろん黙して語らない。けれどもその存在は、人々の実存の中に貫入している。「石の生まれ」とゴウナタタエ集団の創設神話の中では、共同性から外れた人間が死の領域へと限界まで接近し、かろうじて生き延びた経緯が語られていた。逆に見れば、もしバシフィラが石の上で死んでいたら、ゴウナタタエという集団そのものがまるごと絶滅していただろう。「石の生まれ」は本当に石から生まれたのではなく、あくまで真の両親を隠すための比喩であると人々が言うとき、彼ら・彼女らはこの背筋の寒くなるような反実仮想に対抗して「われわれは死んだ石ではなく生きた人間だ」と主張しているのである。

それはあたかも、人間の運命が死というこの世界の〈外〉に限りなく接近したとき、その向こうにもう一つの星が双曲線軌道を描いて現れたかのようだ。「石の生まれ」はこの出会いが人の記憶に刻みつけた謎めいた古碑であり、その人間性の基盤に「石」（フォウ）の名は屹立し続ける。

オントンジャワ海台

ヴィクトリアやマテオにとって、過去は伝承された名前や祖先が座っていた石といった物質的な実在として、自らの眼前に存在する。これは過去をあくまで文字資料という間接的な媒体を通じて認識されるものと考える文明社会の歴史観とは異なる、マライタ島固有の文化的世界観である。

だがそれは同時に、生物学や地球科学のような自然科学における、自然史の探究とも類似している。科学者たちは現存する動植物からその進化過程を推定したり、地上に現れた岩石や地層からはるか昔の地球の形成過程を明らかにする。そして、マライタ島は人間の根源を明らかにする人類学者のみならず、地球の成り立ちに関心を持つこれらの科学者たちにとっても興味深い場所である。

南北１８０キロメートル、東西30キロメートルほどの細長い形をしたマライタ島は、オーストラリアプレートと太平洋プレートの衝突によって数万年前に海洋上に出現した、比較的新しい陸地である。しかしそれを構成する岩石の由来はさらに過去に遡る。マライタ島の地層は元々プレートの基盤をなしていたマグマ由来の古い火成岩と、その上に降り積もった土砂に由来する比較的新しい堆積岩に大別される。１９９０年代初頭にソロモン諸島政府が行った地質調査報告によれば、マライタ島の海岸線付近ではここ数万年のうちに形成された、まだ岩石化していない堆積層が中心であり、そこから内陸に行くほど石灰岩や泥岩などの、より古い時代に堆積し、長い時間の間に押し固められた岩が出現する。

興味深いことに、この自然史的な運動は、マライタ島の人々によって社会・文化的領域で反復されている。20世紀初頭から始まったキリスト教改宗を契機として、内陸部の伝統的な居住地から沿岸部の宣教ステーション付近へ移住した。熱帯林に覆われた険しい山が続く内陸部は現在ほぼ無人化しており、キリスト教化以前の祖先が築いた祭祀地やクランの伝承で語られる場所が点在する、言わば巨大な遺跡のような場所である。ファタレカ語で過去は「カダ・イ・ナオ」——直訳すれば「目の前にある時間」——と表現する。人々が自らの過去に向き合うとき、彼または彼女はまた地球自身の過去とも向き合っているのだ。

さらに島の中心部、最初の祖先が到達し、そこから四方を見渡して住むべき土地を探したと語り伝えられる最古の土地に至ると、そこでは地球内部のマグマに直接由来する

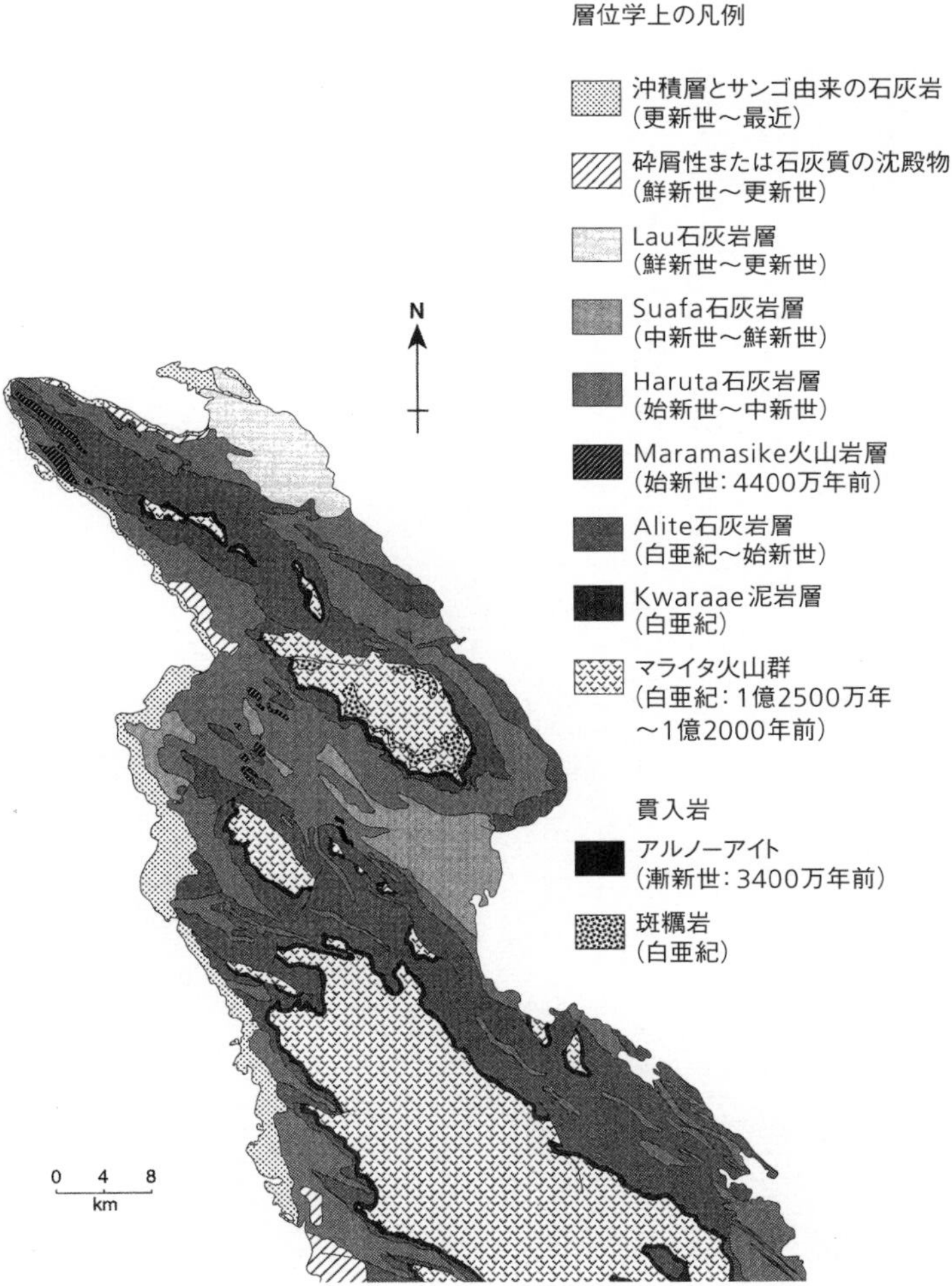

マライタ島北部の地質図

(M. G. Petterson et al. 1999 "Geological–tectonic framework of Solomon Islands, SW Pacific: crustal accretion and growth within an intra-oceanic setting" *Tectonophysics* 301, p.48より作図)

玄武岩の露頭が見られる。これが「石の生まれ」の父・バシフィラが座っていたと語られ、私自身がゴウナタタエの土地で見たフォウ・ボソと呼ばれる黒く堅い石の正体なのだ（M. G. Petterson et.al 1997 "Structure and deformation of north and central Malaita, Solomon Islands: Tectonic implications for the Ontong Java Plateau-Solomon arc collision, and for the fate of oceanic plateaus" Tectonophysics 283.）繁茂する熱帯の植物の下では、黒い枕状溶岩（溶岩流が水中で押し出されてできる、枕を積み重ねたような形の岩）が激しい渓流に洗われている。

マライタ島に関する科学者たちの興味はこの最も古い火成岩に集中している。その理由はこの島の特異な成り立ちに由来する。

約1億2000万年前の白亜紀、地球内部から上昇した巨大なマントルプルーム（マントルの上昇流）が今のトンガ付近の海底で噴出し、2000万立方キロメートルの溶岩が海中に広がった。総面積が150万平方キロメートル（日本の総面積37万平方キロメートルの4倍強）という世界最大の海中台地、オントンジャワ海台の誕生である。

この事件は地球環境に巨大な変化を引き起こした。まず、火山活動によって大量に放出された二酸化炭素によって地球全体が温暖化し、両極の氷が融解した。さらに海水温の上昇により、極地で冷たい海水が沈み込むことによって起こる海洋の循環が停止し、

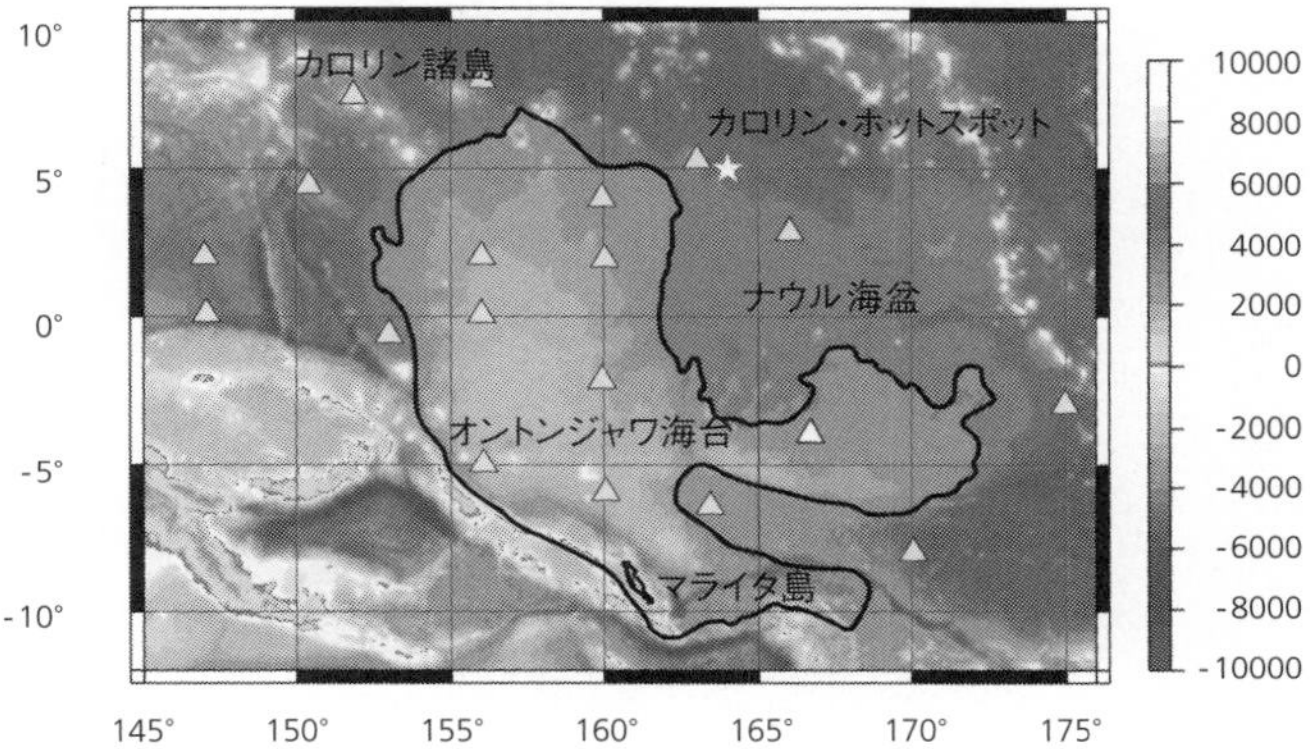

オントンジャワ海台

（Takehi Isse et al. 2021 “Seismic evidence for a thermo-chemical mantle plume underplating the lithosphere of the Ontong Java Plateau” *Communications Earth & Environment* 2 (98), https://doi.org/10.1038/s43247-021-00169-9より作図）

海底の酸素濃度が極端に低下する「海洋無酸素事変」と呼ばれる事態を招いた。この海洋無酸素事変は地球史上3回起きたと言われており、その度ごとに海洋生物の大量絶滅が引き起こされた。特に火山活動が活発であった白亜紀では、オントンジャワ海台形成の直後に発生し、放散虫の約半数の種と一部地域でのアンモナイトの絶滅を引き起こしたアプト期の大量絶滅、大半の魚竜を絶滅させたセノマニアン-チューロニアン境界期の大量絶滅という2度にわたる大絶滅が、いずれも海洋無酸素事変に関わっていると推測されている（藤岡換太郎　2022『天変地異の地球学——巨大地震、異常気象から大量絶滅まで』講談社、他）。

その後オントンジャワ海台は太平洋プレートの運動に従って西方へと移動し、2500万年ほど前からオーストラリアプレートと衝突し始めた（Maruyama Shigenori et.al 2011 "Ontong-Java Plateau, the World's largest Oceanic Plateau, Has Been Subducted 50%, with the Remaining 50% on the Surface, and with a < 1% Accretion on the Hanging Wall of the Solomon Islands"『地学雑誌』120(6)）。海洋側のプレートがマントル内へ沈み込むとき、その一部が大陸側のプレートによって剥ぎ取られ、付加体として境界部に堆積する。ゆえに、後にマライタ島を含めたソロモン諸島の多くの島々を形成することになるこの部位には、石灰岩やサンゴなどの二次的に堆積した地層に混じって、より古いプレート本体に由来する岩石が含まれることになった。

太平洋プレートのような海洋プレートとオーストラリアプレートのような大陸プレートの境界において、両者はただ正面から衝突しているのではない。重たい玄武岩から構成される海洋プレートと、それよりも軽い花崗岩から構成される大陸プレートが押し合えば、通常であれば前者の方が沈み込み、そのままマントルに消えてしまう。そのため地球の表面積の7割を占める海洋とその下にある海洋プレートからサンプルを採取するためには、深海探査艇やボーリング掘削船などの大規模な機材が必要となる。

ところがマライタ島のような海洋プレートの付加体に由来する島であれば、労せずし

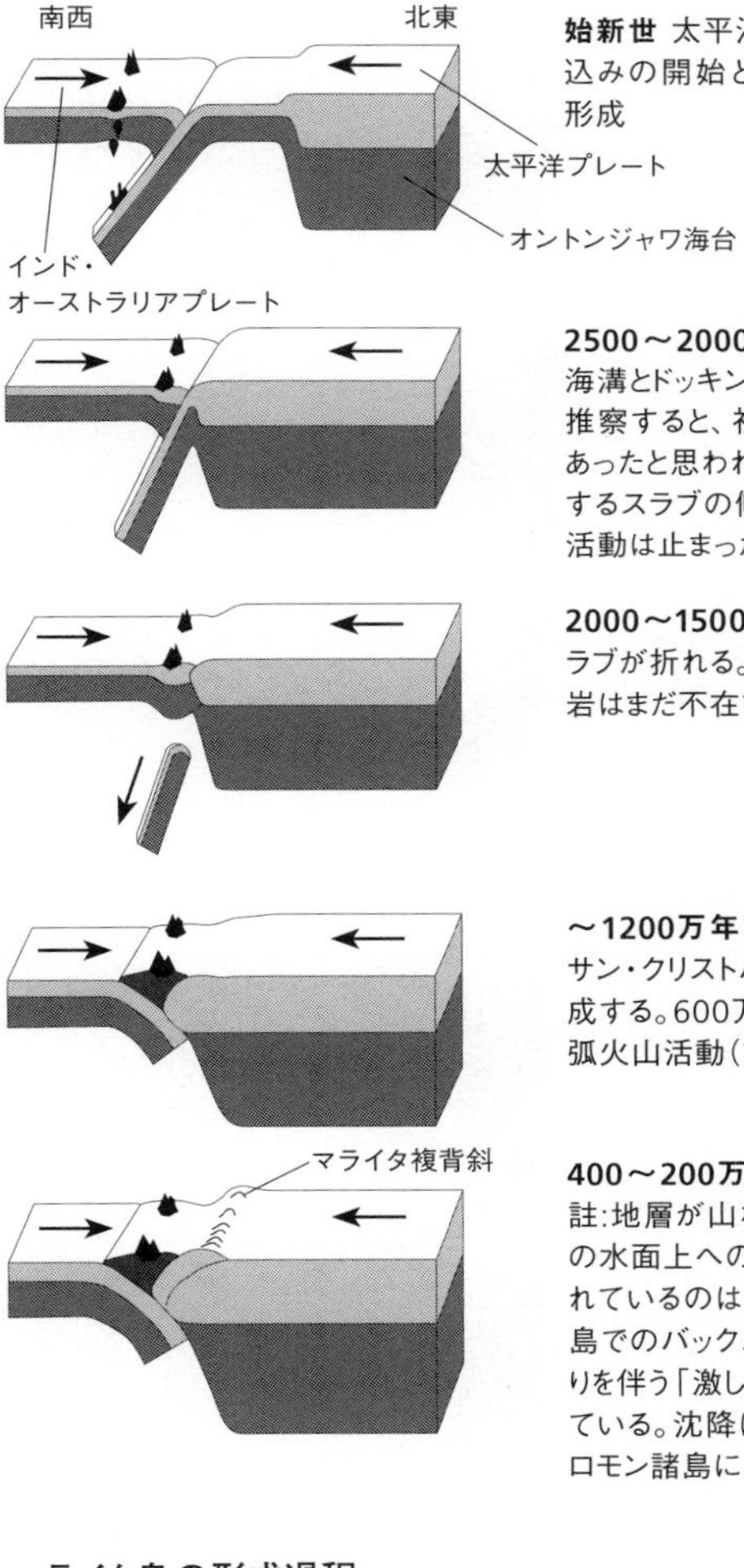

始新世 太平洋プレートの南西方向への沈み込みの開始とヴィチアツ海溝（第1段階）の形成

2500〜2000万年前 オントンジャワ海台が海溝とドッキングする。圧縮がなかったことから推察すると、初期のドッキングは「穏やか」であったと思われる。おそらくは南西方向に沈降するスラブの傾斜が大きくなったことで、火山活動は止まった。

2000〜1500万年前 南西方向に沈降するスラブが折れる。ヴィチアツ海溝に関係する火山岩はまだ不在である。

〜1200万年前 沈降が北東方向に反転し、サン・クリストバル／ニューブリテン海溝系を形成する。600万年前に北東方向の南ソロモン弧火山活動（第2段階）が始まる。

400〜200万年前 マライタ複背斜（引用者註:地層が山なりになった地形）の形成と、その水面上への出現。マライタ島が30%圧縮されているのは、この複背斜の形成がマライタ島でのバックスラスト層の垂直的な積み上がりを伴う「激しいドッキング」であったことを示している。沈降は北東であり、これは今日までソロモン諸島において顕著な方向である。

マライタ島の形成過程

（M. G. Petterson et al. op. cit., p52より作図）

てこれらの貴重な資料を手に入れることができるのだ。ある論文の表現を借りれば、この島は「地球の深層を明らかにするユニークな窓」(Ishikawa Akira 2011 "Spectacular Mantle Xenoliths Derived from "Oceanic Kimberlite", Malaita, Solomon Islands: A Unique Window into the Earth's Deep Interior"『地学雑誌』120(6))なのである。

このように科学者たちが関心を持つのは、マライタ島そのものの形成でも、ましてやその上に住まう(数万年という地質学的には一瞬の)人間や動植物の生でもない。彼・彼女らが見ているのは、地上にまだ恐竜がうろついていた時代に起きた、日本の4倍の面積に溶岩が広がる噴火という人間を超えたスケールの出来事であり、それによって引き起こされたとされる地球規模の気候変動と生物の大量絶滅である。

オントンジャワ海台の成り立ちをめぐる研究は現在も盛んに行われており、その中には高度な機材を利用して海台に直接アプローチするものもある。だが近年日本経済の停滞するとともに、こうした多額の予算が必要な基礎研究に対して、それが「役に立つ」ことを明らかにする要求も高まっている。オントンジャワ海台に複数台の海底地震計を設置し、その内部構造を明らかにしたある研究(Isse Takehi et.al 2021 "Seismic evidence for a thermochemical mantle plume underplating the lithosphere of the Ontong Java Plateau" Communications Earth & Environment 2(98).)の一般向けプレスリリースでは、「社会的意義」のセクションで以下のように書かれていた。

オントンジャワ海台が地球深部からの熱組成プルーム上昇によって生成され、地球温暖化を引き起こしたことは、地球深部活動も大規模な環境変動を起こしうることを示しています。本研究の成果は、白亜紀の地球変動の要因への理解を深めるだけでなく、将来発生するかもしれない巨大なマグマ活動によってもたらされる地球環境変化の大きさやメカニズムを予想するための重要な指標となるものです。（一瀬建日他　2021「地球上最大の巨大海台はなぜできたか?」https://www.eri.u-tokyo.ac.jp/wp-content/uploads/2021/05/ 最終確定【広報課 0519 確認】20210426プレスリリース一瀬4mod.pdf、傍点引用者）

開発や気候変動などの人為的要因により、現在地球上に生息する生物種の半数が2050年までには絶滅するとも言われている。他方、オントンジャワ海台を形成し、同様の大絶滅を引き起こしたのは、地球それ自体の「巨大なマグマ活動」である。私たちは地球と同じくらいの力を持ってしまった自らに恐れおののき、今進みつつある破局を必死に押しとどめようとしている。だが、そうした人間の意志とはまったく無関係に起こる後者も、また「将来発生するかもしれない」未来であり続けている。

深い歴史

マライタ島には書かれた歴史はないが、その代わりに最初の祖先から始まる代々の系譜や、その所業についての口承がいくつも伝わっている。「石の生まれ」をめぐる伝承もその一つだ。「アイ・ニ・マエ」と呼ばれるこうした伝承は、当事者にとっては実際にあった歴史であると同時に、クランの土地や集団の分裂など、現在こうである物事がなぜ他ではあり得なかったのかを理由付ける「神話」でもある。クランにもよるが、伝承で語られるのは長くても30世代程度(≒1000年)であり、これがすなわちマライタ島の「歴史時代」である。

西ファタレカには現在7つほどのクランが居住しているが、第2章で見たように伝承の形式はどれもだいたい同じだ。別の島、ないしは島内のよその土地からやってきた最初の男性祖先が、誰も住んでいない空っぽの土地を見つけて住みつく。やがて子孫がその地で増えると、その場所はクランの故地となる。

ではそれ以前に祖先はどこにいたのか？　あるいは、祖先以前からあり、現に我々が住みついてる土地はどうやってできたのか？

書かれたものであれ語られたものであれ、「人間による意図的な記憶・記録」という前提を持つ歴史の概念に対し、「そうした歴史の主体がどのようにして出現したのか」を問うディープ・ヒストリー（深層史）というジャンルがある。文字による歴史記録の主体である国家が、穀物という特定の性格を持った植物との共生関係によってはじめて出現したことを論じる、政治学者ジェームズ・スコットの著作（ジェームズ・スコット 2019『反穀物の人類史――国家誕生のディープヒストリー』、立木勝訳、みすず書房）はその一つだ。語られる歴史だけでなくその背後にあったかもしれない語られない闇に目を凝らすマライタ島の人々もまた、スコットと同じく自らの足元に広がるディープ・ヒストリーを探求する歴史家である。

前者の問いに対しては、アジアからオセアニアへのオーストロネシア語族の拡散という、学校教育経由でもたらされた知識が現在最も広く受容されている。ソロモン諸島を含めた島嶼部メラネシア地域は、台湾から東南アジア島嶼部、太平洋諸島、マダガスカルまで含めたオーストロネシア語族という共通の言語的集団に包摂され、その祖先となる人々は6000年ほど前に台湾付近から拡散を開始したと推定されている。マライタ島で系譜の聞き取り調査をしていると、インフォーマントが突然「私たちの祖先は元々アジアから来たオーストロネシアンで、カヌーに乗ってマライタ島にやってきたのだ」と語り出すことはたびたびある。

また今世紀以降、マライタ島民の祖先をユダヤ人だと主張する宗教運動が、同島北部を中心に拡大している。ファタレカの北方にあるトアバイタ地域で特に盛んなこの運動は、マライタ島民を失われたユダヤ12氏族の1つと見なす旧約聖書の独自解釈を発展させており、近年では「起源の地」エルサレムへの使節団の派遣も行われているという。

このように自らの直接の祖先をめぐる探究は、往々にして学校教育や教会といった既存の社会的権威が提供するストーリーに回収されてしまいがちである。だが後者の問い――土地そのものの由来をめぐる思考――は、むしろそうした人間世界の求心的作用とは真逆に拡散してゆく。次に述べる「生きた岩」の逸話は、その一例である。

2018年7月14日、朝方キッチンでお茶を飲んでいるとき、デイヴィッドから次のような話を聞いた。彼は以前、フォーシム・マーケット（州都と西ファタレカの中間にある市場）の直前にある急坂で、立ち往生したトラックに出会った。トラックはほとんど坂の頂上にさしかかったところで片方2輪ともパンクし、そのままスタックしていた。鋭く丈夫な岩が地面に埋まっていたのだ。

フォーシム・マーケットの「生きた岩」（フォウ・マウリ）

こうした岩のことを「生きた岩」（フォウ・マウリ）という。こうした岩は掘っても掘りきれないし、どんなに地面がぬかるみになっても動かない。我々が地面を掘っていて、どれだけの大きさか計り知れない岩に出くわすと、「この岩は生きているぞ！」と言う。

翌日、集落の人々は彼が所有する小型トラックに便乗して州都に出かけた。帰り道、大量の米袋の上に10名以上の人間が座り、さらに私が買った自転車まで積み上げると、1992年製のいすゞエルフ（1・5トン積）の車体はいつにも増して大きく沈み込んだ。出発して間もなくクラッチにトラブルが発生し、その後もだましだまし走りながら、どうにかフォーシム・マーケットの坂までは辿り着いた。

ところが勢いを付けて登り始めたはいいものの、路面の凹みにトラックが勢いよく突っ込み、そのままバウンドして岩に腹をしたたか打ち付けた。下の方でもの凄い音がしたと思うと、次の瞬間には折れたスプリングの破片がカラカラと音を立てて路面に落ちた。運良くトラックは走行可能だったが、少しでも荷を軽くするため、ドライバー以外は全員降りてトラックを押すことになった。

雨とタイヤで繰り返し抉られた白っぽい地面に、同じく白っぽい岩がところどころで露出している。確かに全く大きさの見当がつかず、坂と一体化しているようにも見える。灼熱の路面を這うような気分で登っていると、私の隣を歩く女性が「この辺りは生きた岩が多いねえ」と独りごとを言うのが聞こえた。

この出来事があって以来、私は「生きた岩」という不思議な言葉に関心を持つようになった。

デイヴィッドが「生きた岩」は「掘っても掘りきれない」と表現していたように、人間や車、雨といった外的な力に抗して一ヶ所にとどまり続けることが、石が「生きている」と見なされるための第一の条件である。これに対比される「死んだ石」(フォウ・マエ)もしくは「ぐらぐらする石」(フォウ・ゲロゲロ)は、細かく割れて簡単に動かせる石を指す。たとえば太平洋地域全体に伝わる伝統的な調理法である石蒸し焼きに使う石は、この地域では拳ほどの大きさのフォウ・ボソ(玄武岩)が使われる。元々の岩盤から切り離された上に何度も加熱・冷却されて割れてしまったフォウ・ボソは、確実に「死んで」いるとされる。あるいは車や通行人によって一方的に蹴飛ばされる道ばたの小石も同様である。

だが、不動の岩は逆説的にも自らの力で動き、成長しているように見えなければならない。これが第二の条件である。フォーシム・マーケットの岩は、1960年代に植民地政府によってここに道路が開削されて以来、何十回となく巨大な重機で削られてきた。よその岩はとうの昔に消えてなくなったのに、未だにここの岩は揺るぎなく路面から突き出している。あれはもしかすると、実は地面の下で少しずつ成長している「生きた岩」なのかもしれない……。幹線道路を往来する人々がここを通過し、路面から突き出した岩に身体を揺さぶられるたびに、この秘かな疑いはますます強化されていく。

ちなみに西ファタレカから直線距離で20キロメートルほど離れたマライタ島東海岸ラウ・ラグーンに住む人々は、サンゴ礁を砕いて作った人工島の上に家を建てる。近年、サイクロンや大潮のときに人工島が水没するようになり、国際NGOなどの外部機関はこれを気候変動の影響だと結論づけている。しかし現地の人々の認識では、島が沈む原因はグローバルな海面の上昇ではない。島をつくる岩（サンゴ）は海から切り出したときは生きているが、だんだん「死んで」砕け、それにつれて島も低く沈んでゆく。他方でサンゴ礁の深みには「生きた」岩が残っており、再び成長した岩を積み上げることで島はまた高くなるという（里見龍樹　2022『不穏な熱帯――人間〈以前〉と〈以後〉の人類学』河出書房新社）。

注目すべきは、これらが「石から生まれた孫悟空」のような非現実的な信念ではなく、あくまで直接の観察経験に基づく仮説であるということである。何が「生きた岩」かという認識も人によってズレることが多い（ただしフォーシム・マーケットの岩については、尋ねた全員が「あれは生きている」と語った）。マライタ島の人々が何かを「生きている」と言うとき、その言明は既存の何らかの文化的世界観や法則の反映ではなく、むしろ反対に、そうした既知の領域の向こう側へと乗り出そうとする懐疑と探求の運動として捉えられる必要がある。

　道路に埋まった岩が成長し続けていることをにわかに信じるのは難しいが、ラウ・ラグーンの人々がそこに住まい人工島の素材とするサンゴは、私たちの常識でも確実に生きている。一見対照的な両者の共通点は、どちらも見えない部分があるということである。ラウ・ラグーンで調査を行った里見龍樹によれば、ラグーンをカヌーで行き来するというこの地域の日常的実践が、ところどころにある底が見えない深みと、その下で育っているサンゴ——言い換えれば、人間と関わり人間を支えつつも、それ自体は人間を超えた自然の産出性——を人々に垣間見させているという。自動車による往来とそれを可能にするためのインフラのメンテナンス作業が、逆に「掘っても掘りきれない」岩の自律性を切り出している私自身の調査地の事例も、ラウ・ラグーンの海上居住民と同様に、地面の下という見えない領域を通じた能動的自然の現れとして捉えることができる。そして、こうした生命観・自然観に支えられた「我々は巨大な生きた岩の上に住まっている」という感覚が、海であれ山であれマライタ島の人々の間に広く共有されているように思われる。

一面の熱帯林に住まってきた西ファタレカの人々にとって、真の驚異の源泉は大地の下の見えない領域にある。第2章でワシスビというこの地域の長老的人物が登場したが、彼のような一家言ある老人たちが集まる場では、その時々の政治的な課題に加えて、現在の問題とは直接関係ない事柄にも話題が及ぶ。ある時、マライタ島北部の地形が西海岸では切り立った絶壁、東海岸では浅瀬とラグーンという対照的な形をしていることが話題になった。ワシスビが「我々の伝承では昔、大地震が起きて多くの人が死んだと言われている。もしかするとその時にマライタ島は西から東に傾いたのかもしれない」と自分の説を披露すると、他の老人たちも自分のクランに伝わる伝承や聞きかじりの知識を元に、我も我もと自分の仮説を語り始めた。さらに滞在していた集落に帰った私が皆に今日起こったことを話していると、一人の男が「自分も昔、山の中を歩いていて、貝殻を見つけことがある」と語り始めた。学校教師である彼の考えでは、マライタ島は元々海だったのが、火山の噴火によって隆起したためにこうしたことは起きたのだろうという。

「生きた岩」、地質学的痕跡、さらには伸び広がる植物などとして具現化される、大地の内部に伏蔵された力に対する人々の構え。これは実のところ、現在のマライタ島で起きている社会変動とも密接に関わっている。

今世紀以降のマライタ島では、自らのアイデンティティたる父系クランを確認し、系譜を辿って数世代〜数十世代前に放棄されたクランの故地に戻ろうという動きが活発化している。ヴィクトリアが巻き込まれたオリキ・クランの森林伐採事業や、土地争いの場で「自分の土地に帰ってそこに住む」と宣言したマテオなど、ここまで語ってきたマライタ島の事例の多くも、このような近年のマライタ社会の全体的動向の中に位置づけられる。

なぜ人々は道路や診療所などがある便利な海沿いの暮らしをやめ、一度は捨てたはずの祖先の地、山へと戻ろうとしているのか。最も大きな理由は、キリスト教改宗以後の人口増加である。第二次世界大戦後は隣のガダルカナル島に移住するという選択肢が生まれたが、それも1998年に勃発した両島民の間の武力紛争によって再び閉ざされた。狭い土地に多くの人口が集中したことで人々の間の軋轢（土地争い）が激化し、マライタ島の内部でもクランの故地以外の「他人の土地」に住まうことへの不安が広まる。加えて主要な生業である焼畑耕作は同じ人口を養うためには常畑より多くの土地を必要とするが、少ない土地を繰り返し耕作したことで土地の生産性が落ち、米などの移入食料への依存が高まった。このような状況に追い打ちをかけたのが、津波や地球温暖化による低海抜地帯の水没リスクである。これは政府やNGOを通じてもたらされた外来の知識であるが、頻発するサイクロンの高潮・高波被害と相まって、現地の人々にとっても深刻に受け止められている。

２０１８年末から新年にかけてソロモン諸島をサイクロン・ペニーが襲った。大晦日の夜には海面から3～5メートルほどの断崖の上にあるファアバイタ集落にも高波が押し寄せ、人々は少しでも海から離れようと道路沿いの家屋に避難した。朝起きてみると海沿いの樹木は残さず波に攫われ、近隣では倒壊した家すらあった。この衝撃的な出来事の9日後に、シェーフー・クランの一団が土地ゴウナタタエへの「不法侵入」を阻止するという本章で述べた事件が起こる。小型トラックに乗って現場に向かう夫ディヴィッドに向かい、ヴィクトリアは「こんな恐ろしいところにはもういたくない。あなたの故地に行く道路を作ってくれるように、早くトリンギア・クランと話を付けてちょうだい」と何度も訴えていた。

現在の暮らしの持続不可能性が意識されればされるほど、その対極にある山間部の故地は光り輝く。人々は言う。どんなに海が押し寄せたところでマライタ島は沈まない。

海沿いの痩せた狭い土地を耕す今の生活からおさらばして、故地に帰ればそこは自分の土地だ。何百年も手が付けられていない土地は何を植えても良く育つし、誰にも文句は付けられない。谷川の水をミネラルウォーターとして販売したり、換金作物を大量に栽培して都市や海外に出荷すれば、今よりも豊かな暮らしが手に入るだろう(ちなみに2023年8月に調査地を再訪した際、この章の前の部分で述べたマライタ島の地質学的構造について、あくまで客観的知識というつもりで友人に話したら、その後、彼は他の人々に向かって「海岸付近の岩は元々土で、だからこの辺りの土地はあまり頑丈ではない。しかし島の真ん中のフォウ・ボソは火山の噴火でできたしっかりした岩だから、我々は故地に戻らなければならない」と、微妙にニュアンスの違う語りを繰り返した)。

21世紀の社会不安と気候変動から逃れたマライタ島の人々は、まるで祖先たちが辿った歴史を逆戻りするかのように、自らの起源の地である山に戻っていく。そこに見出されるのは大地から無尽蔵に贈与される庇護と豊かさだ。数百年前にバシフィラがその上で死のうとしていた玄武岩は、1億年以上前に気候変動と大絶滅をもたらした地球史的イベントによって作られた。そして今また人新世からの逃避地《レフュジア》を探す子孫が、同じ岩の上で新たな生の可能性を見出そうとしている。人間の歴史と自然の歴史は重なり合い、過酷な世界のただ中で生き延びるための襞を織りなしてゆく。

地球の二つの顔

数百年にわたる異星人による地球侵略を描き、世界的ベストセラーとなった劉慈欣『三体』（2019　大森望他訳、早川書房）。このSF小説の下敷きになっているのは、二体以上の物体の相互作用は解析的に解くことができないというニュートン力学の三体問題である。物語の一方の主役である三体星人が居住する惑星は、3つのほぼ同じ質量の恒星からなる星系の中にあり、それらの間をまるでラグビーのパス回しのように行き来するという、きわめて過酷な環境にある。こうした不安定な世界に発生した三体星人の文明は、星々の動きと密接な関わりを持たざるを得ない。

どれか1つの恒星に惑星が捕まったときは、安定した日照と日没がある比較的穏やかな環境が続き、文明が発展する（「恒紀元」）。ところが複数の恒星の間で惑星が右往左往する状態（「乱紀元」）に入ると、恒星からの距離が極度に遠くなったり近くなったりする。三体星人は乱紀元を生き抜くために体を脱水し仮死状態になる能力を発達させたが、それでもその文明は数百回の滅亡を繰り返してきた。さらにこの不安定な恒星系では、惑星全体が恒星に引き寄せられて消滅する可能性が常に存在する。この過酷で不安定な環境を生き抜いてきた三体星人は、人類とは異質な極端な全体主義体制下にあり、近隣にある居住可能な惑星・地球の存在を知るやいなや、種族の生き残りをかけた侵略を企むのである。

朝と夜がランダムに入れ替わり、数千度に熱せられたかと思うと今度は液体窒素が凍るほどの寒さになる三体世界は、安定した地球とは対極にあるように見える。四季の巡りという言葉があるように、災害の多い日本列島であっても自然は規則的なものとして捉えられている。近年の異常気象はあくまでそうした規則性に対する「異常」なのだ。むろん数万年前に遡れば、氷期という今よりずっと平均気温が低い時代があったことを私たちは知っているが、それも「地球には寒い時期と暖かい時期がある」という、四季と同じ自然の規則性として理解している人が大半だろう。

ところが数万~数億年単位の地球の気候変動を研究する古気候学では、こうした常識を覆す知見が生み出されつつある。その舞台となるのは、前章で猟師とイノシシが駆け引きを繰り広げていた福井県大野市から、直線で70キロメートルほどの距離にある水月湖である。

若狭湾に面した三方五湖の一つである水月湖は、直接流れ込む川がなく、また湖底が無酸素状態であるため、洪水や生物活動による湖底の攪乱が起こらないというきわめて珍しい性質を持った湖である。湖底に堆積した土砂は1年に1層ずつ年縞を作り、その厚さは45メートル、時間にして7万年に上る。つまり水月湖の年縞に含まれる花粉や飛来物を分析すれば、7万年にわたる過去の気候が1年単位で明らかになる。かつてローカルな観光地だった水月湖は、2012年にこの年縞を元にしたデータが過去5万年の地質学的年代を測定する標準スケールとして承認されたことで一躍世界的に有名になり、2016年には中学校の教科書にも掲載されるようになった。

それでは、7万年にわたる1年単位の気候データは一体何を教えてくれるのか。この問いに入る前に、まずは地球の気候に長期的な変動をもたらすメカニズムについて理解しておきたい（以下の記述は主に中川毅　2017『人類と気候の10万年史――過去に何が起きたのか、これから何が起こるのか』講談社、による）。

地球の気候が寒冷な氷期と温暖な温暖期を繰り返していることは古くから知られており、その原因を説明するためにさまざまな理論が提唱されてきた。その中でも最もシンプルかつ基本的なものは、今から1世紀以上前、セルビアの地球物理学者ミルティーン・ミランコビッチが発表した、気候の変動が地球の公転軌道と関連しているという仮説である。地球の公転は真円ではなく、およそ10万年の時間をかけて丸くなったり細長くなっ

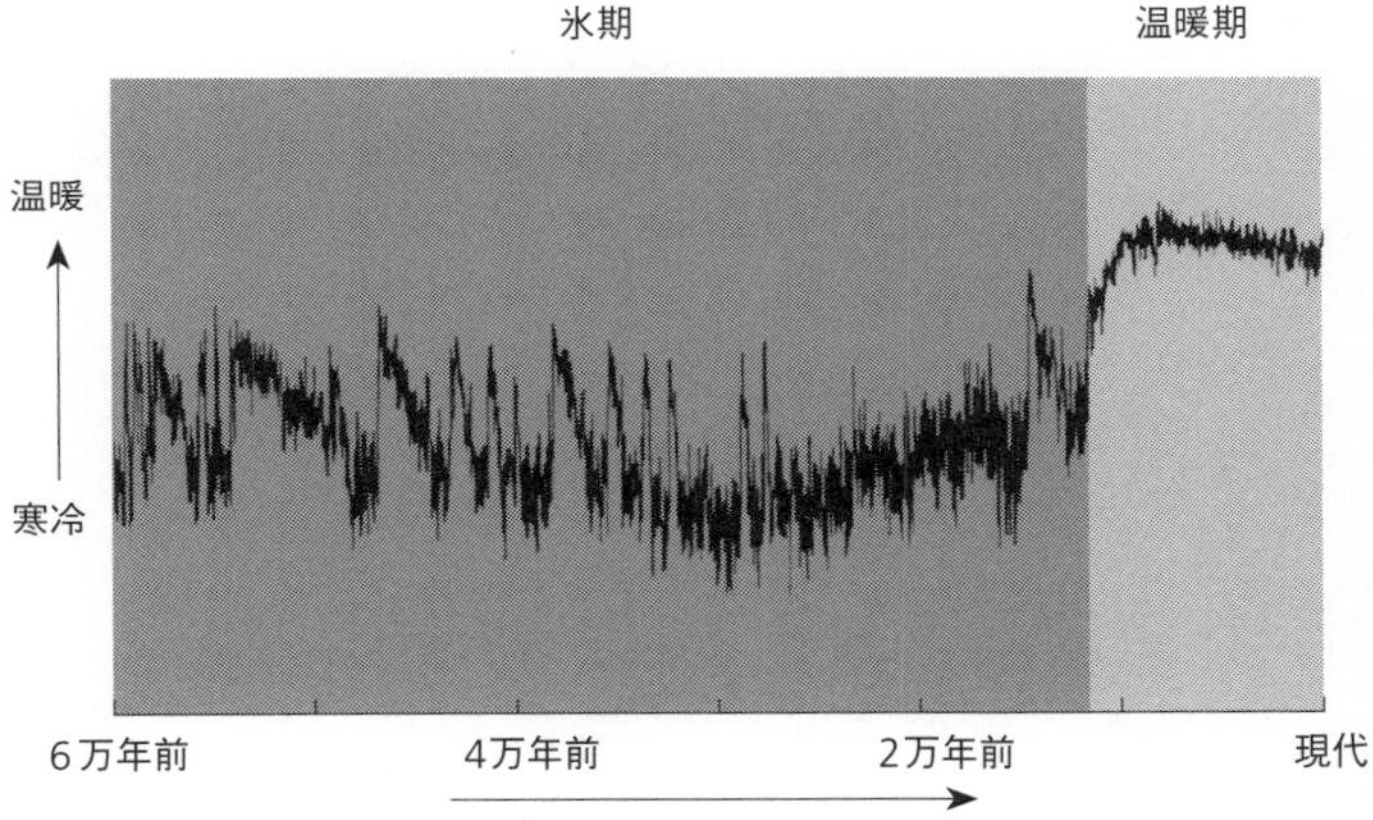

グリーンランドの氷に含まれる酸素の同位体比から復元された、過去6万年の気候変動（中川 前掲書、46頁より引用）

たりを繰り返している。つまり10万年周期で地球が太陽から受け取るエネルギーは増減しているのだ。これが地球の気候に影響を与え、10万年周期の氷期と温暖期の交代をもたらす。

その後の地質学の発展の中で、数十万年から数百万年単位の気候変動が明らかになるにつれ、彼の仮説は揺るぎない地位を確立するようになる。だが同時に、より詳細なデータの分析から、気候が必ずしもそうした単純な法則性には還元できない複雑な挙動を示すこともまた明らかになった。たとえばグリーンランドの氷に含まれる酸素の同位体比から復元された過去6万年の気候変動分析によって明らかになったのは、氷期がただ寒い時期ではなく、その間に17回もの急激な温暖化と再度の寒冷化が起こる、きわめて不安定な時期であったということである。ところがこのような激しい鋸歯状の変動は今から1万1600年ほど前でピタリと止み、そこから先は安定した温暖期が続く。

まるで「乱紀元」のようなカオティックな気候の激変と、その背後にあるとされる非常に単純な天文学的法則の関係をどのように理解すればよいのか。水月湖堆積物の研究の第一人者である中川毅は、三体問題のような一つひとつの要素は単純でも、その組み合わせが非決定論的で予測不可能な物理モデルこそがその鍵となると言う。その例として挙げられる二重振り子は、通常の振り子の先にもう1つの重りを付けた振り子である。2つの振り子の差は一見してわずかだが、規則的に動く前者に対し、後者は止まったかと思うと急に加速し、かと思うといきなり上下がバラバラの動きを始めたりする。しかも二重振り子はそれを放す位置によってまったく異なった挙動を示す、専門的には「初期値に対する鋭敏性」と呼ばれる性質を持っている。コンピュータ上のシミュレーションであれば同じ条件で再現可能だが、現実世界ではそうはいかない。温度や湿度、空気の流れ、重りの重量……こうしたわずかな違いが積もり積もって、やがてまったく異なった軌跡を生み出す。

ミランコビッチの仮説に関する後の探究の結果、地球の気候に影響を与える「振り子」

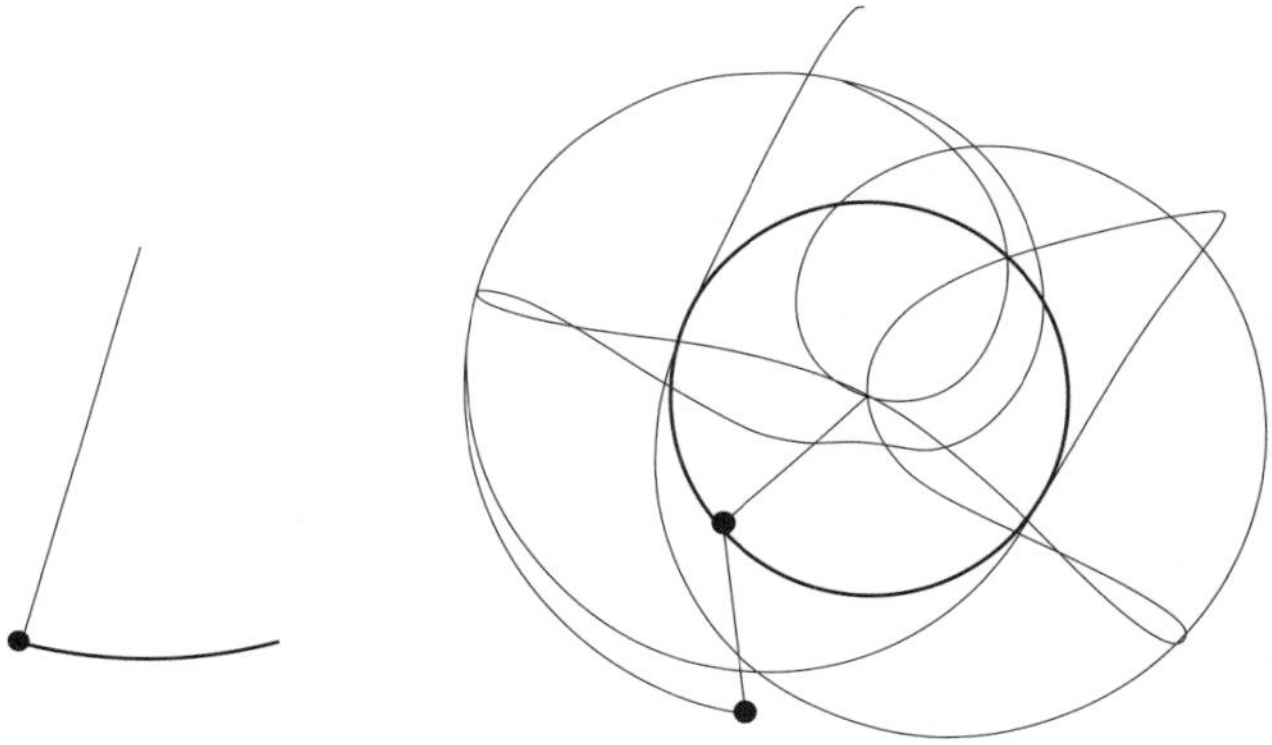

単振り子(左)と二重振り子(右)
(Victor Melo "MATLAB Double Pendulum (Lagragian Mechanics Runge-Kutta 4th order)" https://www.youtube.com/shorts/snzIGyUKr4w, Licensed under the Creative Commons by author より作図)

は実は3つあることが明らかになった。10万年周期で変化する公転軌道の伸縮、4万1000年周期で変化する地軸の傾き、そして2万3000年周期で変化する地軸の傾きの円運動の3つである。これらの運動が地球という無数の「振り子」を周期的に始動させる。重要なのは繰返しの中にあるわずかな違いである。中川は自身が構築した天文学的パラメーターと地球の気候変動の関係についての近似モデルのシミュレーション結果から、初期値に対する鋭敏性を持ったシステムが、周期的な変動をトリガーとして、その内部で安定した状態/周期的に変化する状態/カオスを行き来することを示している。

水月湖の分析から1年単位で導き出された最終氷期の終わりの気候変動は、あくまで理論的に導き出されたこのモデルに対し、具体的なリアリティを与えてくれる。データからまず推測されるのは、平均気温が低く、かつ数度単位の気温の上下が数十年単位で起きる不安定な状況は、最終氷期の末期まで続いていたということである。ところが、この氷期が終わり現在の温暖期に移行する1万1600年前の年縞には、目立つ境界面がある。

境目はものさしで引いたように明瞭なので、水月湖の堆積環境は、おそらくある1年を境にとつぜん変化した可能性が高い。つまり氷期は、まるでスイッチをパチンと切ったかのように、本当に急激に終わったらしいのである。スイッチが切り替わった後では、水月湖のまわりの気候は温暖になり、しかも数十年スケールで激しく変動することをやめて安定になった。それは、人間にライフスタイルや価値観の変更を迫るほどの、本質的で急激な変化だった。
（中川　前掲書、167頁、傍点引用者）

ちなみにこれは水月湖のみではなく、グリーンランドの氷など他地域のサンプルの解析からも、最終氷期の終わりはほんの数年といった短さであったことが推測されている。

水月湖の年縞（福井県年縞博物館提供。著者撮影）

つまり私たちの祖先は、ある日突然「今日あることが明日はないかもしれない」先の見えない世界の終わりと、「今日あることは明日もある」安定した世界の始まりを経験したのである。確かにそれは「人間にライフスタイルや価値観の変更を迫るほどの、本質的で急激な変化」であっただろう。

気候や生態系が激しく変動する時代、もしイネやコムギなどの単一種栽培に依存してしまったら、一生のうちに確実に数度は訪れる気候変動によって、その集団は確実に滅亡してしまっただろう。こうした不安定な環境では、むしろ自然が与えてくれるさまざまな資源に少しずつ依存する狩猟採集経済が合理的である。名著『石器時代の経済学』（1984　山内昶訳、法政大学出版会）でマーシャル・サーリンズが主張したのは、狩猟採集民は1日数時間の労働で生きるために必要なカロリーを手に入れる、非常に効率の良い生業を営んできたということであり、彼はそれを数千年後に工業文明が達成したものと勝るとも劣らない「始原のゆたかな社会」と呼んでいる。

他方で最終氷期の直後には、すでにメソポタミア地域で細々と始まっていた農耕が一気に拡大し、やがてその地には世界初の文明が生まれる。高密度の人口と余剰生産物を基盤とした都市国家が成り立ち、その内部では支配を円滑化するための文字や法、官僚制が一気に整備される。世界史の授業の一番最初に「文明の発生」で学ぶ一連の事柄には、実のところ温暖期の「穏やかで規則的な自然」の出現が決定的に関わっていたと見るべきだろう。気候が安定すると、自然をコントロールし同じ作物を大量に生産する農耕が可能になり、狩猟採集に代わる新たな経済基盤として普及する。支配と徴税に用いられた文字を、都市文明は今度は自らの「歴史」を記述するために転用し、文字も歴史も持たない周囲の狩猟採集民を「野蛮」で「遅れた」人々と見下す。

第1章で見たように、アミタヴ・ゴーシュは「穏やかで規則的な自然」という幻想が近代の文化と科学の双方に深く浸透していることを指摘していた。同じ事態を数万年単位の自然史という別のスケールで見たとき、そうした幻想を生み出した文明もまた、地球の気候がたまたま暖かな「凪」の状態であったからこそ成立した、ある意味で例外的な存在であることが指摘できる。もし近代を含めた過去数千年の人類文明が、一瞬のうちに出現した温暖期の穏やかな地球環境を前提として成り立ってきたのなら、消え去るときもやはり一瞬なのではないか。

ミランコビッチ理論に従えば地球はいま再び氷期に突入しているとされるが、現実にはそうなっていない。この原因をアジアにおける水田耕作の普及やヨーロッパにおける森林破壊といった、産業革命以前から続く人為的な温暖化に求める議論もある。だとすれば、人新世とはただ人間が自然を形成する時代ではなく、人間が星々の力と対峙しつつ、ある意味でこれまでの地球を「守っている」時代ということになる。あるいは、気温は単純に上昇しているのではなく、「50年に一度」の水害が毎年起こるような気候そのものの極端化が始まっているようにも思われるが、これは地球そのものが再び氷期、あるいは「乱紀元」に突入しつつある前触れなのだろうかという疑いを喚起する。

いずれにせよ、過去の地球についてのきわめて高解像度できわめて部分的なデータが教えてくれるのは、過去の氷期と未来の氷期の狭間に生きる人間は、またそれに関する知と無知においても狭間にあるということである。第3章で見たように、人新世という概念はただの一個人の思いつきではなく、人類の科学の集大成とも言える膨大なデータと知見の集積に支えられていることは確かだ。だが当の科学の内部には、相互に相対化し合う複数の視点がある。この内的な複雑性に注目すれば、「科学」も「合理性」も捨て去ることなく、現在流布する人新世の物語とは別の物語を語ることができるだろう。その要因が何であれ、自然とは穏やかで規則的であるだけでなく、不穏で荒ぶるものでもありうるのだ。現在進行中の気候変動はこの自然のもう一つの顔を露わにし、私たちに向き合わせている。

＊

大地と星々の力が地上の生を再びダイレクトに刺し貫くとき、数千年前に始まり20世紀に全地球規模に拡大した人類文明もまた、一つの終焉を迎える。だがここで滅びつつある「人間」の深さは、せいぜい1万1600年程度に過ぎない。キリスト教化したマライタ島民は、迫り来る海面と貧しい土地から逃れて、祖先の住まう山を目指す。私たちの世界でも、ツィンが鮮やかに描き出したように、狩猟採集的な生き方は形を変えて再び現代に復活しつつある。そして「乱紀元」に突入しつつある現在から見れば、20世紀の文明人たちはもはや異質な他者に変貌している。

21世紀を代表する哲学者の一人カンタン・メイヤスーが、あらゆる自然法則も含めた既知の必然性を破壊する「偶然性の必然性」（カンタン・メイヤスー　2016『有限性の後で――偶然性の必然性についての試論』、千葉雅也他訳、人文書院）について述べたのは時宜を得たことであった。本書の議論に従えば、それは私たちがこれから経験するかもしれないことであると同時に、すでに経験しているはずのことでもある。生命が闇の中に瞬く光であるならば、私たちはその光の中にある闇だ。人類史が地球史の一部となる人新世を考えることは、すなわち、人間とは何かという問いに、歴史の力、生命の力に加えて、星々の力の中で考えることに他ならない。

「カダ・イ・ナオ」、目の前にある時間。この世界に住みつく人々の目の前には、さまざまな時間から送り届けられた過去が、まるで星座のように広がっている。人間が未来に向かって行為するとは、一般にそう思われているようにまっさらな自由に向かうことではなく、目の前に広がる過去の大地に向かって歩み行くことである。そうして過去の他者たちの廃墟と向き合う中で、いつしか自己もまたそれらの力に貫かれていることを知り、やがて未来の他者のための廃墟となる。

終章　高原の裂開

本書のまとめ

長いような、短いような旅だった。下に落ちたかと思えばいきなり過去に飛び、世界中を連れ回されたかと思うと今度は極微と極大を往還する。ダンテの地獄巡りもかくやというハードな日程で、もし途中でめまいや消化不良を起こしていたら申し訳ない。最後に本書の全体の行程を上空から俯瞰しておこう。

第1章ではまずソロモン諸島のデング熱パンデミックと日本のコロナ禍を並置した。自然という他者を前にしたとき、ソロモン諸島と私たちの日常を隔てる壁があっさり崩壊し、どちらも「安全でも安心でもない世界」へと転じてしまう。翻ってそれまでの「安全、安心」な世界を見直すと、それもまた「穏やかで規則的な自然と社会」という19世紀近代に広がったイデオロギーによって作り出されたものであった。不安定化する21世紀の自然と社会の中で、これまでの近代の世界観で切り捨てられてきた「ありそうにないこと」の領域はますます拡大しつつある。このワイルドなものとの共存を探る上でヒントとなるのが、長年にわたり近代とその外部を往還してきた人類学であり、さらに言えば、祖先の土地と焼畑農耕でコロナ禍を生き延びたソロモン諸島民のような、人類学が探求してきた人々である。

第2章では、私自身がフィールドで体験した出来事から、ワイルドなものと人間の別様な関係を一つの実在する世界として体感してもらった。マライタ島の人々は病や死を遠ざけ封じ込めるのではなく、死者の身体を土地と同一化させ、怒りや悲しみといった過剰な感情を大地に埋めてきた。「人間が土地を所有する」のではなく「土地が人間を所有する」世界では、人々の間の解決しがたい争いですらも、その背後にある土地と死者を通じて解きほぐされる。だが、人間と自然がいかんともしがたく絡み合った土地は、次第に満ちてくる海や大型化するサイクロンによって姿を変え、再び何処へか解き放たれようとしている。

マライタ島に見出されたのは、気候変動というグローバルな現象だった。第3章は再びこちら側の世界に戻り、人間活動が原因となった新たな地質学的年代である「人新世」仮説を切り口として、自然と文化が複雑に入り交じる現代世界を捉える視座を探った。科学と呪術、自然と文化、モノと人間の間の区分を揺るがせてきた21世紀の人類学は、人間はさまざまなやり方で自然と文化を混ぜ合わせて世界をつくってきたと考える。この現代的な転回は翻って、自然から離床した人間という近代の幻想が生まれる過程、その光と闇を改めて問い直す。

第4章は宮崎駿『もののけ姫』という一つの作品の読解を通じて、この課題に応えた。自然から人間へ主役が移行しつつあった14世紀と、その逆の転換が予感されつつあった20世紀末。2つの「文明史的転換期」が重ね合わされたタタラ場は、自然を搾取しつつ人間の自由と幸福を実現してきた近代文明の寓意である。それまで人間扱いされていなかった人々が人間としての地位に引き上げられる一方で、精霊や動物たちは言葉を失い人間以下に貶められていく。近代という時代の光と影が描かれる中、人々はついにシシ神に体現された自然そのものの秘密を我が物にしようとし、最悪の破局を迎える。しかし、一度滅びた森は再び芽吹き、そこに森の精霊コダマが現れる。『もののけ姫』のラストシーンから、私たちは破局をめぐる別様な想像に誘われる。それはすべてが終わる瞬間ではなく、より深い自然の力が露わになる瞬間なのではないか、と。

第5章では、21世紀を代表する民族誌の一つ、アナ・ツィン『マツタケ』から、この可能性をさらに追跡した。近代的収奪によって荒廃したオレゴン州の森林に、戦争で故郷を失った難民が流れ着き、高価なマツタケを狩る。この物語が教えてくれるのは、安定した自然と社会がともに失われた後期近代の過酷な現実において、菌類とマツのような人間を超えた偶然のつながりこそが人間を救うということである。翻って現代社会を見ると、それぞれの場所でそれぞれの「マツタケ」を探す人々が、今や資本主義の新たな担い手になろうとしている。

第6章と第7章は、『マツタケ』が切り開いた視座をさらに延長し、現代における人間と自然の新たなあり方について考察した。環境危機の高まりとともに、脱成長を通じた自然と人間の生態学的均衡、もしくは外部へのさらなる進出が、この窮状からの突破口として脚光を浴びつつある。これらに通底するのは、現代のイデオロギーたる持続可能性である。しかし、滅びや死、予測不能性を排したユートピアは、かえって人間を人間以下に貶めるのではないか。ダナ・ハラウェイが唱える新たな人間像「コンポスト」は、人間なるものの解体の先に、人新世のディストピアからの新たなユートピアを構想する。

この新たな人間と対になるのが、技術と野生の複雑な絡み合いの中から生まれた新たな自然、または「庭」である。18世紀のバロック庭園と20世紀の科学実験室は、自然に人為を「足し」続ける近代文明の先に現れる、さらなる自然の深みを垣間見せる。反対に現代フランスの「動いている庭」とマライタ島の焼畑は、自然の一部を人為的に「引く」ことによって、自らを取り囲む自然の延長としての人間的領域を切り出す。両者の交点に現れるのが、「あえて何もしない」領域を作り、その中に自然を再現／創出する再野生化のプロジェクトである。自然の囲い込みと相関してその「奥」が現れ、他者の視点を通じて見ることを学んだ猟師たちは、イノシシと再び出会う。

これまでの議論は、人間を含めたあらゆる生命が住まう厚さ11キロメートルの大気圏に留まっていた。しかし第8章では、その上にある星々と下にある大地から、私たちを捉え直すことを試みた。数百年前のマライタ島で一人の少年にかけられた呪いは、現代の人々を未だに縛り続け、山中の黒い岩はその呪いを体現する。ところが何億年も前に生まれたこの石は、過去の地球史において何度も繰り返されてきた地質学的・天文学的破局の証しであった。大地に埋まる岩から地中に根を張る植物まで、自らの計り知れない領域で育つ「生命」への感受性を持つマライタ島の人々は、ある意味で島の形成の運動を反復するように、新たな暮らしへと歩み出そうとしている。

他方、こうした人間と大地・星々の力の部分的なつながりは、マライタ島という他者に限ったことではない。地球という惑星の力学的条件は、カオスと秩序が反復する複雑な気候変動パターンへと変換され、1万3000年前に突然起きた「穏やかで規則的な自然」の成立は、現在の続く文明の起点となった。自然と社会がともに不安定な、先の見えない時代の突然の到来。それはある意味で私たちがすでに経験したことであり、これから経験することである。

高原の裂開

1986年12月26日、社会学者の見田宗介は、2年にわたる新聞誌上での論壇時評を振り返りつつ、そこに見出された20世紀末の思想の極北を〈人間の死〉の一言に集約する。彼は言う。19世紀に起きたのは、有限の共同体に自足する前近代から、人の無限の欲望が解放される近代への転換であり、その中で神が死に、人間が世界の主役となったことが確認された。しかし、近代が解き放った無限およびそれと相即的な「人間」像は、それもまた一つの有限である（見田宗介 1987→2023『白いお城と花咲く野原――現代日本の思想の全景』河出書房新社）、と。

現在では人口に膾炙したこの認識が、バブルに向けて突き進む日本社会の深層ですでに起きていたことを、見田の慧眼は見抜いていた。作家・石牟礼道子が発した「人間の上に流れる時間のことも、地質学の時間のようにいつかは眺められる日が、くるのだろうか」という問いかけを、人間をすでに死んだものとして知覚しその「死にぎわに添おう」とする鋭敏な感覚として受け取り、そこに現れた「人間はなおも荘厳である」という言葉に、「この個物ひしめく世界のぜんたいに、内側からいっせいに灯をともす思想」（見田　前掲書、243頁）の可能性を見出す。

神という形で無限を外在化し、人間は有限の地上に自足した前近代から、人間が神の領域へと無限に進歩する近代へ。ところが無限への衝動に突き動かされて宇宙にまで達した人間は、そこで地球が一つの有限の世界であることをはじめて認識する。アポロ7号によってはじめて大気圏外から地球の全体像が撮影され、世界中で学生紛争が吹き荒れた1968年を一つの起点として、先進諸国の若者に世代を超えて引き継がれてきた社会意識の中核こそが、この「無限に媒介された有限」という論理感覚に他ならない。

彼によれば、20世紀末から今世紀にかけて、近代社会は「無限を包摂する新たな有限」というモードに入りつつある。それはマクロレベルでは環境に対する物質的負荷を増やさずに価値を増殖できる消費社会・情報社会の進展、ミクロレベルでは競争や出世よりも親密さや自己実現を重視する、先進諸国の若者たちの意識変化として現実化している。こうした現在進行中の事態に、彼は「永続する幸福な安定平衡の高原（プラトー）」（見田宗介　2018『現代社会はどこに向かうか――高原の見晴らしを切り開くこと』岩波書店、17頁）を読み取る。この認識を寓意的に示すイメージが、ロジスティック曲線と呼ばれる生物学のモデル――一つの生物種が一定の環境容量内で増殖するとき、その個体数の総量は、ある時点で急激に増加し、その後平衡に至るS字曲線を描く――である。このイメージは、人類の運命を照らし出す一つの希望として提示されている。

本書の旅は、20世紀から21世紀に至る歴史のベクトルを「有限から無限へ」から「無限に媒介された有限」への転回として捉える視座を引き受けつつ、さらにその先に進むものであったと言える。経済成長が鈍化する一方、持続可能性が社会のあらゆる局面で規範化した21世紀日本社会の風景は、ベクトルの始点たる20世紀からは穏やかな「高原」に見えるのかもしれない。しかし、ベクトルの先端を現に生きている人々にとって、それはいつ奈落に転落するか分からない不安を抱え、先の見えない乱流をもがき続ける事態として経験されている。

このような論理と感覚のズレに直面したとき、見田なら迷わず論理を（たとえそれがどんなに明晰であっても）手放し、言葉にならない感覚の先に新たな論理をつかみ取る道を選んだであろう。そして本書は、「プラスチックが新たな地層となる」人新世の有限性を突き抜けて、その内部に再び無限――あるいは具体的・経験的な輪郭を持った無数の「他者」――を見出すことに、この時代からの解放と、新たな明晰さの獲得を賭けた。

さらに言えば、平坦な高原という高みからの見えを解体した先に、先の見えない乱流という内側からの見えについての一つの判明かつ曖昧な視点が現れるはずだ。

19世紀の社会学者ガブリエル・タルドは、統計グラフの水平部分に、単に何も起こっていない状態ではなく、相反する欲望や信念が拮抗した一種の均衡状態を読み取ったが、それと同様にフーリエ変換という数学の技法では、一つの波形が与えられたとき、それを複数の三角関数の総和へと分解する。複雑なデータをよりシンプルに近似させることができるフーリエ変換は、JPEGやMP3といったデータ圧縮技術に広く応用され、現代社会に不可欠な存在となっている。

高原のフラットな波形をフーリエ変換で分解したとき、そこにはさまざまな周波数と振幅を持った無数の波が現れる。そして人は、自らが立っている高原が堅固な平面ではなく、いたるところで力が湧き上がり沈み込む、危険でダイナミックな破砕帯であることを知る。この断層で拮抗している力には、ここ2世紀ほどの近代に由来するものもあれば、それよりはるかに古いものもある。あるいは人間以外の領域や、人間の内奥に潜む意識を超えた領域に端を発するものもある。ここまで本書が行ってきた作業は、「いま」を構成する無数の波や地層を一つひとつ辿りつつ、それらが合成された生きた大地としてこの世界を捉え直すことであった。

21世紀に入り、先進諸国のみならずアジア諸国でも人口増加率はマイナスに転じ、1世紀後には世界人口は減少し始めると予測されている。私たちが生きる高原は、今後ますます空気が薄くなっていくことがあらかじめ定められているのだ。この世界における生存と自由の可能性は、自らの足元と頭上にある力を認識し、その可能性を裂開させることにあるだろう。

あとがき――私はなぜこのような本を書いたのか

私が生まれた１９８６年は大変な年だった。１月にはアメリカでスペースシャトル・チャレンジャー号が爆発し、４月にはソ連のチェルノブイリ原子力発電所事故が起こった。宇宙船と原子力発電所という人類が築き上げた科学技術の粋が、一瞬で途方もない惨禍へと反転したのだ。

チェルノブイリから放出された放射性物質は風に乗って北半球を駆け巡り、日本にもやってきた。私は事故から４ヶ月後の８月に生まれたが、その時飲んでいた母乳にも微量のセシウム１３７が入っていた。大学の理学部に勤めていた父が職場の測定器で調べた結果だ（Hashizume Takeo 1987 "Fallout in Kyusyu from the accident of Chernobyl nuclear plant" Reports of the Faculty of Science, Kagoshima University. Mathematics, physics, chemistry 20.）。物心つくかつかない頃から反原発デモに連れて行かれ、研究に使われたガイガー管や古いコンピュータが家中に転がっていた。

こんな環境で育ったから、1999年に世界が終わるという予言を半ば本気で信じていた。ところが時代はあっさりミレニアムを越えてしまい、ITだのグローバル化だのという言葉が流通し始める。資本主義と西欧型民主主義に覆い尽くされるべく運命づけられた世界と、かつての勢いは失ったが世界第二位の経済大国である日本。時が止まったような倦怠感の中で、後期近代の終わりなき日常は永遠に続くように思われた。

2006年に大学に入学した私は、情報社会を語りながらそれを動かす電力がどこから来るかを問わない流行の言説に苛立ちつつ、その感情を扱いかねていた。文化人類学科に進学したものの、近代やグローバリゼーションを前提としたポストコロニアル以降の流行の議論からは、かつての人類学が放っていた輝きは感じられなかった。〈外〉などなくすべてが〈内〉であるのだとしたら、その自己産出のループだけが唯一のリアルなのではないか。そう思って修士で専攻を人類学から社会学に変えた。同じようなことを感じていた人は当時大勢いたのだろう。社会学はこの時代、花形の学問だった。

ところが修士課程への入学を半月後に控えた2011年3月11日、永遠に続くかと思っていた終わりなき日常はあっさり打ち破られる。止まった電車の脇を歩く果てしない距離、空の棚が並ぶ真っ暗なコンビニ。西に向かう新幹線に乗り込む直前、待合室のテレビにはちっぽけなヘリコプターが原発に水をかける光景が映っていた。

〈外〉は失われていなかった。それを抹消し、不可視化してきた近代文明の仕組みがちょっと不調を来した途端、私の日常は再び、過剰なまでにモノや自然の力に覆い尽くされてしまった。そして、このワイルドな世界を語る言葉は、私の知る社会学にはなかった。数少ない例外が、本書の最後にも登場した見田宗介／真木悠介だ。

大学院に入った年の後期、卒業論文でお世話になった箭内匡先生のゼミに出てみた。「南米先住民人類学」という素っ気ないタイトルに、何か惹かれるものを感じたのだ。

その予感は正しかった。いま手元に残る当時のレジュメを見返すと、その冒頭で先生は、エキゾチシズムを批判し近代内部へと転回してきた民族誌批判以降の人類学が、その手前にある「何かまだ知らないもの」「他性への感受性」を殺してきたのではないかという問題意識を述べていた。他者を自己と対立させるのでも、その他者を否定して自己に居直るのでもなく、人間を超えた「はるかなる視線」（レヴィ＝ストロース）から、自己と他者をともに捉えることが可能ではないか。私の中に、一つの火が点った瞬間だった。

このゼミの大先輩だったのが里見龍樹さんだ。里見さんは、当時私の所属学科であった東大の相関社会科学から文化人類学に移籍した異色の経歴の持ち主で、すでにソロモン諸島マライタ島での長期調査から帰国されていた。続々と発表されるマライタ島の「海の民」についての民族誌は、マルクス、デュルケーム、ウェーバー、フーコーら「社会」をめぐる近代的思考の系譜を踏まえつつ、理論的精緻化の果てに袋小路に陥ったその言説空間に、静謐で蒼い微風を吹き込んでいた。

こうした同時代の動向の中で、いま古典的な人類学のフィールドワークを行うことは、ただの秘境探検でも「異文化理解」でもない、これまで生きてきた世界に対する根本的な批判の営みなのだと感じた。

時間がたつごとに漠然とした予感は確信へと変わってゆき、ついに自分もメラネシアに行くことに決めた。当時はメラネシアが鬼が住むような世界の果てに思え、成田空港で飛行機に乗り込んでからも身体の震えが止まらなかったが、このまま同じ場所に留まり続け、次第に可能性を失っていくことの方が怖かった……。

＊

本書を書く機会となったのは、まずは２０２２年前期に法政大学人間環境学部で初めて持った「環境人類学Ｉ」の講義である。ちょうどコロナの規制が緩められた頃で、教室には毎回１００人以上の学生がいた。講義のテーマが自分のそれまでの研究とは完全には一致しなかったため、新たに準備しなければならない事柄も多かった。だが人間と自然の問題は私自身がメラネシアに向かった直接の動機であり、そのことで悶々としていた大学2年の自分にとって意味がある授業にしたかった。どれほど達成できたかは分からないが、結果として本書の骨組みとなる議論が生まれた。時にはしどろもどろになる講義を、毎回熱心に聞いてくれた受講者の方々には感謝しかない。

次に編集者である穂原俊二さんとの出会いである。穂原さんからは、ある小さなギャラリーで行われたトークイベントの質疑をきっかけとして、本書の執筆の機会をいただいた。まだ何の実績もない一介の研究者見習いであった私に、このような場を与えていただいたことは大変に光栄であり、同時に身が引き締まる思いがする。

このような経緯で世に出ることになった本書は、しかし、あくまでメラネシアの大地に根ざしている。これに関連して特にお礼を申し上げたいのは、フィールドの先輩である里見龍樹さんと、調査地でお世話になっている方々だ。私が何者かになれたのだとしたら、それは、メラネシアへの道を指し示してくれた里見さんと、そこで出会った人々のおかげである。

また、本書の元となった調査研究は、以下の助成によって可能になった。平成29年度日本学術振興会特別研究員（DC2）「現代メラネシアにおける「客体化」の相対化――ポスト紛争期ソロモン諸島の事例から」（課題番号 201703233）、２０２２年度りそなアジア・オセアニア財団研究助成「人新世を生きる現代メラネシアの人々――熱帯雨林伐採と現地の自然認識の交点から考える」、2023年度明治大学若手研究「現代メラネシアにおけるポスト森林伐採の人類学――自然と文化の相互創出に着目して」。記して感謝申し上げる。

本書は、3・11とメラネシアを経た私が、自らの足元と過去を振り返った軌跡である。ここで行ったことは、それ自体としては、私自身が背負い込んだものを問い直し、救出する作業であった。しかし私という一人の人間は、同時にある集合的なものの広がりの中を生きており、その中で知らず知らずのうちにさまざまな希望と呪いを背負わされてきた。「はるかなる視線」のもとで自己の過去と向き合い直すという個人的な営為が、結果としてあなたにとって何らかの意味のある言葉を生み出すことになったのだとしたら、それは望外の喜びである。

クレジットのない本文中の写真はすべて著者撮影。

橋爪大作（はしづめ・だいさく）

1986年鹿児島県生まれ。人類学者。大阪公立大学准教授。東京大学教養学部を経て、東京大学大学院総合文化研究科国際社会科学科（相関社会科学専攻）にて博士号を取得。2011年、原発事故を契機として社会学から人類学へと転向し、メラネシア・ソロモン諸島にて長期フィールドワークを行う。関心領域は自然、イメージ、科学技術など。主な論文に「社会を持たない人々のなかで社会科学をする——マリリン・ストラザーン『部分的つながり』をめぐって」（『相関社会科学』26号）、「未知の故郷への帰還——ソロモン諸島マライタ島の道路建設にみるインフラストラクチャーの両義性」（古川不可知編『モビリティと物質性の人類学』（春風社）所収）。「起源の闇と不穏な未来のあいだ——現代ソロモン諸島マライタ島西ファタレカにおける社会変容の深層」（『文化人類学』87巻1号）にて第19回日本文化人類学会奨励賞を受賞。

大地と星々のあいだで
生き延びるための人類学的思考

二〇二四年五月十日　初版第一刷発行

著者　橋爪太作

編集発行人　穂原俊二

発行所　株式会社イースト・プレス
〒一〇一-〇〇五一
東京都千代田区神田神保町二-四-七　久月神田ビル
電話〇三-五二一三-四七〇〇
ファクス〇三-五二一三-四七〇一
https://www.eastpress.co.jp

印刷所　中央精版印刷株式会社

ISBN978-4-7816-2302-3 C0030